인류문명 전환기와
한류문화의 미래

인류문명 전환기와 한류문화의 미래

발행일	2022년 12월 1일 1쇄 발행
저자	오순제
발행인	사단법인 대한사랑
발행처	도서출판 대한사랑
주소	서울시 영등포구 당산로41길 11 당산 SK V1센터 E동 1005호(당산동4가)
전화	02-719-3737
팩스	02-2678-3738
홈페이지	https://www.daehansarang.org
출판등록	2022년 7월 14일(제 2022-000096호)

ISBN   979-11-974945-3-6

인류문명 전환기와
한류문화의 미래

오순제 | 지음

도서출판 대한사랑

머리말

　인류는 현재 코로나19와 같은 인류 역사상 최대의 위기에 직면하고 있다. 이러한 현상은 환경학자들을 비롯한 과학자들뿐만 이미 오래전부터 예견되어 왔다.

　대부분의 예언들은 말세(末世)라고 하여 암울한 미래를 말해주고 있다. 그러나 우리 민족이 지니고 온 전통사상 속에서는 결코 어두운 미래가 아니라 후천개벽(後天開闢)이라는 새로운 세상에 대한 미래의 청사진을 제시하고 있다.

　이것은 지금까지의 진부한 사상이나 구태의연한 인간의 모습이 아니라 하느님이 주신 인간 본연의 모습으로 되돌아가 선인(仙人)과 같이 탈바꿈된 새로운 신인류(新人類)의 모습을 제시하고 있다. 이것은 바로 하느님으로부터 천명(天命)을 받아 백두산 신단수에 내려오신 환웅이 제시한 홍익인간(弘益人間)이다. 이러한 인간들이 열어갈 세상이 바로 재세이화(在世理化)이다.

　그러하기에 필자는 대전환기(大轉換期) 속에 우리 민족이 펼칠 미래를 제시해 보고자 한다. 이 책을 흔쾌히 출판해주신 도서출판 대한사랑에 감사를 드립니다.

장강(暲江) 오순제 박사

5

차 례

1부
세계사적 대전환기와
신인류의 등장

1. 전환기란 무엇인가?

전환기는 "지금까지의 것들이 변하여 새롭게 바뀌는 시기"를 말하는 것이다. 고고학에서는 구석기시대, 신석기시대, 청동기시대, 철기시대로 나누고 있다. 구석기시대에는 수렵, 채취생활을 하였으며 타제석기를 사용하였고 신석기시대에는 농경을 시작하면서 정착생활을 하면서 마제석기와 토기를 제작하게 되었다.[1]

청동기시대에는 구리와 주석을 합금한 청동기를 사용하게 되었고 문자가 생기게 되고 국가가 발생하게 되었다. 이 당시 유프라테스와 티그리스강의 메소포타미아문명, 나일강의 이집트문명, 인더스강의 인도문명, 황하강의 황하문명을 꽃피우게 되었으며, 피라밋, 지구랏 등의 거대한 건축물이 등장하게 되었다. 철기시대에는 농기구와 무기들을 풍부한 철을 사용하게 되었으며 현대의 산업사회에도 철기는 매우 중요한 역할을 하고 있다.

인류의 역사를 통해서 보면 전쟁, 페스트와 같은 역사적 사건의 충격으로 인하여 발생한 전환기(轉換期)가 끝나면서 구체제가 붕괴하면서 새로운 패러다임(Paradigm)[2]이 생겨나고 있으며, 어떤 경우에는 새로운 사상 싹트면서 새로운 패러다임을 만들어내면서 구체제를 붕괴시켰던 경우도 있다.

---

1) 정회성, 『전환기의 환경과 문명』, 지모, 2009.
2) 어떤 한 시대 사람들의 견해나 사고를 근본적으로 규정하고 있는 테두리로서의 인식의 체계 또는 사물에 대한 이론적인 틀이나 체계를 의미하는 개념입니다. 토마스 쿤(Thomas S. Kuhn)이 1962년에 저술한 『과학혁명의 구조』에서 '과학의 발전은 일정한 방향으로 누적되어 이루어진 것이 아닌 시대에 따라 패러다임을 전환시켜 온 것'이라는 새로운 과학사관을 밝히면서 처음으로 사용되었다.

그래서 이 글을 통해 전세계적인 팬데믹[3] 이후의 대전환기(大轉換期)에 나타날 새로운 세계에 대해 우리의 조상들은 어떻게 예견을 했으며 그것을 어떻게 재해석 해야 할까를 고민해 보고자 한다.

---

3) 세계보건기구(WHO)는 전염병의 위험도에 따라 전염병 경보 등급을 1~6등급으로 나누는데, 이 가운데 최고 경보 단계인 6등급을 의미하는 말로 '감염병 세계 유행'이라고도 한다. 팬데믹(pandemic)이란 말은 그리스어 'Pan(πᾶν, 모든)'과 'Demos(δῆμος, 사람들)'를 결합해 만든 것으로, '모든 사람이 감염되고 있다'는 의미에서 유래된다. 즉 2개 이상의 대륙에서 전염병이 발생하여 세계적으로 창궐한 상태로 대량 살상이 일어난 상태를 표현한다. 예를 들자면 중세 유럽을 휩쓸었던 흑사병이나 20세기 초 수백만 명의 생명을 앗아간 홍콩 독감이 팬데믹의 대표적 사례이다. 그리스의 역사가 투키디데스는 『펠로폰네소스 전쟁사』에서 기원전 430년경에 아테네에 발생한 역병으로 인구의 4분의 1이 숨졌다고 기록했는데, 이는 팬데믹을 기록한 최초의 기록물로 추정된다.(김환표, 『트렌드 지식사전 6』, 인물과 사상사, 2015)

2. 세계사의 역사적 전환기

① 세계 4대문명의 탄생지는 중국의 황하문명, 인도의 인더스문명, 중동의 메소포타미아문명, 이집트의 나일강문명 등은 모두 아시아권에서 발생되었는데, 앗시리아(Assyria)는 BC 700년경 이집트를 정복하면서 메소포타미아문명과 이집트문명이 합해진 '오리엔트문명(Oriental Civilization)'을 탄생시켰다.

② 서구문명은 그리스에서 발아되었으며 그것이 알렉산더대왕(BC 336~BC 323)의 바빌론 정복 통해서 그리스문명과 오리엔트문명이 합해진 '헬레

▲ 4대문명 발상지(출처: 네이버 지식백과)

니즘 문명(Hellenism Civilization)'이 탄생되었으며, 그 뒤를 이은 로마제국 (Roman Empire, BC 27~AD 1453)은 지중해 전체를 하나로 통합해 나갔다. 로마는 강력한 군사력과 법체계를 바탕으로 그들이 정복한 곳에 도시를 건설하였으며 그것을 연결하는 도로와 상수도 시설을 완비해 나갔다. 더구나 예수의 사후 제자였던 바울에 의해 전파된 기독교가 콘스탄티누스대제의 밀라노칙령(313)을 거쳐 380년에 데오도시우스황제가 '기독교국교화'를 하면서 사상의 통일을 이룩하게 되었다.

③ 동양세계의 3개 축은 중국문명, 인도문명, 이슬람문명 등으로 나누어진다. 중국(中國)은 BC 221년 진시황(秦始皇)의 전국시대를 통일한 이후 전한

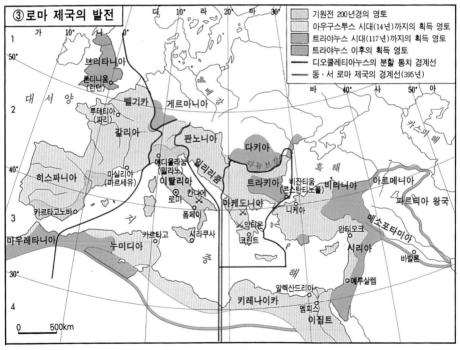

▲ 동로마제국과 서로마제국(출처: 역사부도, 천재교육)

(前漢, BC 202~BC 8), 후한(後漢, 25~220)의 한제국(漢帝國)은 유학을 바탕으로 사상적 통일을 이룩하고 염철(鹽鐵)의 전매를 통해 국가의 재정을 튼튼히 하여 국비를 비축하여 북방의 강자였던 흉노제국(匈奴帝國, BC 4세기~AD 89)을 무너뜨렸으며 비단길(Silk Road)을 통해서 서방의 로마제국과 교역을 시작하였다.

흉노는 48년에 내분으로 인해 나누어져 남흉노(南匈奴)는 한나라에 투항하고 북흉노(北匈奴)는 고비사막의 북쪽으로 달아났다. 89년에 한나라의 공격을 받아 북흉노마저 멸망당하면서 그 잔여 세력들이 서쪽으로 이동을 시

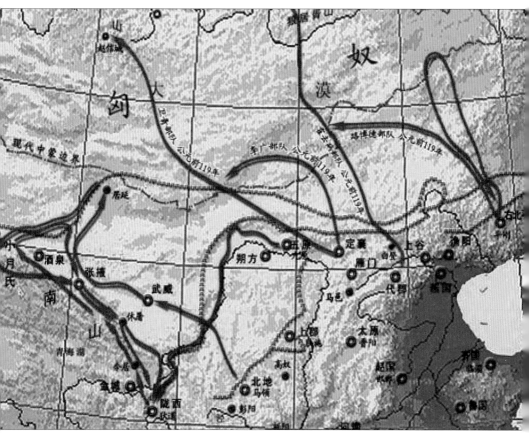

▲ 한무제의 흉노정벌도 (blog.daum.net/zhy5532)

작하게 된다. 이들은 인도 북방의 에프탈(Hephthalites, 408~670), 더 나아가 돈강 유역에서는 훈(Huns, 370~469)이라는 세력으로 나타나게 된다.

훈족이 부근에 평화롭게 살고 있었던 게르만족을 공격해 들어가면서 375년에 '게르만족의 대이동'을 촉발시켜 서로마제국을 멸망시켰으며, 더 나아가 아틸라(406~453)는 유럽세계를 강탈하게 된다. 게르만족은 전유럽뿐만 아니라 북아프리카대륙까지 이동하였다. 특히 서고트족은 476년에 서로마제국을 멸망시켰다. 그 후 프랑크족에 의해 프랑크왕국(481~843)이 들어서게 되었고 이들이 기독교를 받아들이면서 유럽 전역이 교황(敎皇)을 정점으로 한 로마카돌릭교회가 되면서 1054년에는 동로마제국(330~1453)의 정교회와 분열하게 되었다.[4]

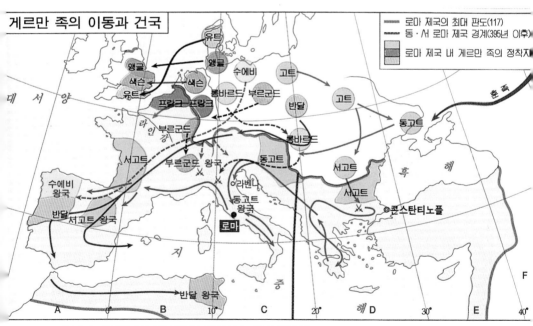

▲ 훈족과 게르만족의 이동(출처: 역사부도, 금성출판사)

---

4) 정희성, 『전환기의 환경과 문명』, 지모, 2009, p.104.

인도(印度)는 이란 북부지역에서 BC 17에 이동해온 아리안족들이 인더스 강유역에 인더스문명을 일으킨 드라비다족을 남쪽으로 밀어내고 갠지스강 유역에 정착하면서 이들은 베다문학을 바탕으로 브라만교와 힌두교를 탄생시켰다. 그 외에도 조로아스터교, 불교 등이 나타나게 된다. 특히 불교(佛敎)는 소승불교가 동남아지역으로 퍼져나갔으며 부처 200년 이후에 일어난 대중화운동에 의해 탄생한 대승불교(大乘佛敎)[5]는 중국을 통해서 한국, 일본, 대만 등으로 퍼져나갔다.

---

5) 불교교단은 부처가 죽은 100년후 지도층을 이루고 있었던 보수적인 상좌부(上座部)와 자유롭고 진보적인 사고를 가진 대중부(大衆部)로 분열하였고, 그 뒤에 다시 상좌부는 설일체유부 등 11부, 대중부는 일설부 등 9부로 다시 분열하게 되었다. 대중부를 중심으로 한 미륵, 관음, 보현, 문수의 대보살과 함께 재가신도의 보살행이 강조되는 대승불교가 나타나기 시작하였다.

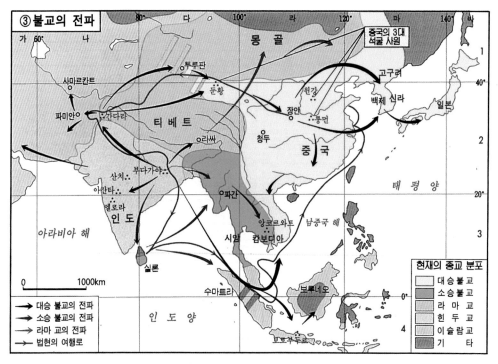

▲ 불교의 전파와 간다라문화(출처: 역사부도, 천재교육)

이 과정에서 불경은 초기경전과는 달리 대승경전의 경(經), 논(論), 율(律)
등이 결집된《팔만대장경(八萬大藏經)》이라는 엄청난 양으로 늘어나게 된다.
즉 경(經)이란 부처의 말씀, 율(律)은 계율, 논(論)이란 경에 대해 논쟁한 연구
해석이다. 그리고 이것들에 주석을 붙인 것이 바로 소(疏)로 가장 유명한 것
이 원효대사의 〈대승기신론소(大乘起信論疏)〉이다. 이러한 경전들은 서역승
구마라집(鳩摩羅什, 344~413)의 번역작업을 통해서 중국화하게 되었는데 이
것이 바로 격의불교(格義佛敎)이다. 예를 들면 이 당시 공(空)이라는 인도적
사상을 모르고 있었던 중국인들에게 노자(老子)의 무(無)의 개념을 대비하여
풀어주는 방식이다.

더구나 알렉산더대왕이 BC 330년에 인도(印度)의 서북부지역을 침공했다
가 본국으로 되돌아가면서 인도의 서북 지역을 다스리게 하였던 세력들이

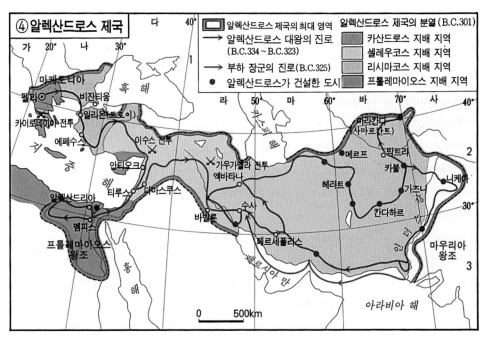

▲ 알렉산더대왕의 정복도(출처: 역사부도, 천재교육)

박트리아왕국(Baktria, BC 250~AD 125)[6]을 세우게 되었다. 불교를 믿게 되었던 이들은 그리스에서 하던 습관대로 처음으로 자기들을 닮은 부처의 모습을 처음으로 조각하게 되면서 이들이 차지하고 있었던 간다라(Gandhara)[7] 지역에서 불상(佛像)을 처음으로 만들어 새로운 불교문화를 탄생시키게 된다. 이것이 바로 '간다라문화'이며 이 문화가 실크로드를 통해서 중국으로 전파되어 실크로드의 타림분지에 키질석굴, 베자클릭크석굴, 돈황석굴 등의 불교문화를 탄생시키게 되었다. 이것이 낙양의 용문석굴, 대동의 운강석굴 등을 통해 신라의 석굴암 본존불, 담징이 그린 일본 나라의 호류사 금당벽화에까지 미치게 되었다.

④ 로마제국의 압제에 항거해 2번이나 전쟁을 치렀던 유대인들은 티투스 황제가 70년에 예루살렘성전을 철저히 파괴하고 예루살렘에 있었던 유대인들을 추방되었다. 흩어진 유대인 그리스도교[8]의 영향권에서 마호멧에서 의해 622년에 탄생하게 된 이슬람교를 바탕으로 '이슬람제국(Islamic

---

6) 박트리아 왕국은 그리스-박트리아 왕국이라고 부르기도 하며 기원전 250년에서 125년까지 중앙아시아의 박트리아와 소그디아나를 지배했던 고대 왕국이다. 기원전 180년 그리스-박트리아인들은 북인도까지 뻗어나갔으며 인도-그리스 왕국을 세웠고, 이는 기원전 10년까지 지속되었다.
7) 파키스탄의 북서부인 페샤와르(Peshawar) 지방의 옛이름으로 주요도시인 탁실라와 페샤와르가 있다.
8) 콜페(Colpe)는 유대 그리스도인들이 아라비아와 바빌론에서는 7세기까지도 남아 있었다고 보고 있으며, 어빙은 이들이 이슬람교의 창시자인 모하멧과 관련이 있다고도 보고 있다. 그리고 11세기 아랍의 역사학자인 아브 알 자바 이븐 아흐미드는 아라비아 헤자즈(Hejaz) 지역에 남아있었던 에비온파(Ebionites)로 추정되고 있는 유대 그리스도인들을 언급하고 있다. 11세기 스페인 투텔라의 랍비였던 벤자민 또한 아라비아 북서부를 여행하면서 테이마(Tayma)와 틸마스(Tilmas)라는 두 도시에 남아 있는 에비온파(Ebionites)로 추정되는 유대인 그리스도교 공동체에 대해 언급하고 있다. 12세기의 무슬림 역사학자인 무하마드 알 샤라스타니도 메디나(Medina)와 헤자즈(Hejaz)에 있는 유대 그리스도인들은 유대적 전통을 따르면서 예수를 믿고는 있었지만, 로마제국 내의 그리스도교의 중요한 흐름에는 따르지 않고 있다고 말하고 있다.(오순제, 『유대인 그리스도교의 발생과 소멸』, 수동예림, 2020, pp.280~281)

Empire)'[9]이 성립되면서 삽시간에 중동뿐만 아니라 북아프리카를 거쳐 스페인 남부까지 차지하게 되면서, 동로마제국과 유럽세계에 위협적인 존재가 되었다.

당제국(唐帝國, 618~907)은 북쪽의 돌궐제국, 서역(西域)의 고창국(高昌國, 460~657) 그리고 동쪽의 고구려, 백제 등을 멸망시키면서 대제국으로 성장하면서 그 당시 서방의 로마제국과 실크로드를 통해서 교역을 하였다. 당시 100만 명이 살았던 도시는 서방의 로마와 동방의 장안성이 있었다고 한다. 만주지역의 발해(渤海, 698~926)의 상경용천부 또한 장안성에 버금가는 도시였기에 당나라가 해동성국(海東盛國)이라고 칭송하였다.

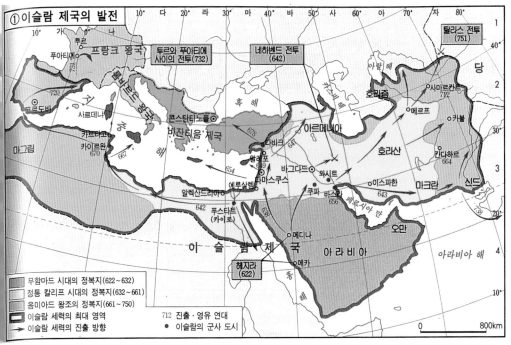

▲ 이슬람제국의 팽창(출처: 역사부도, 천재교육)

9) 이슬람제국은 마호멧을 이은 정통 칼리프 시대(632~661)를 거쳐 우마이야 왕조(661~750), 아바스 왕조(750~1258), 아이유브 왕조(1174-1342), 맘루크 왕조(1250-1517) 등이 있다.

551년에 북방 강자가 된 돌궐제국(突厥帝國)은 583년에 동돌궐(東突厥, 583 ~644)과 서돌궐(西突厥, 583~659)로 나누어지면서 모두 당나라에 멸망당하 였고 서돌궐의 잔류 세력들이 다시 북돌궐(北突厥, 680~745)로 부흥하였으 나 당나라에게 멸망당하게 된다.

돌궐(突厥)의 잔여 세력들인 투르크족들은 중앙아시아를 거쳐 서쪽으로 이동하여 이란과 이라크에 나타나게 된 것이 '셀주크제국(Seljuk Empire, 1040~1157)'이다. 이들은 이슬람교를 받아들이면서 이슬람세계의 강자로 등장하게 되었고 동로마제국을 위협하게 되면서 십자군 전쟁이 일어나게 된다. 1096년부터 1272년까지 9번에 걸쳐 계속된 십자군전쟁(十字軍戰爭)은

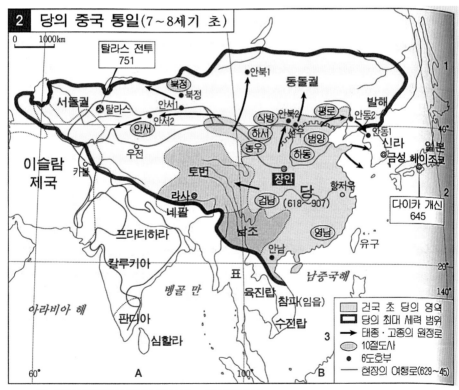

▲ 당제국의 돌궐정복(출처: 역사부도, 금성출판사)

인간의 탐욕이 가져온 참혹한 침략전쟁으로 예루살렘 탈환을 부르짖으면서 십자가와 하나님을 앞세워 시작된 실패한 전쟁이었다. 특히 4차 십자군은 1204년에 같은 기독교 국가였던 동로마의 비잔틴제국을 약탈하기까지 하였다. 투르크족은 셀주크가 망한 이후 다시 '오스만제국(Ottoman Empire, 1300~1922)'을 세워 1461년에 동로마의 비잔틴제국을 멸망시키고 헝가리, 발칸, 그리스, 아라비아, 이집트 등을 차지하면서 거대한 제국으로 등장하게 된다. 이들은 동로마제국의 문화유산을 계승 발전시켜 나갔다.

유럽에서는 게르만족들이 서로마제국의 문화유산을 모조리 파괴시켰으나 그들을 통합한 프랑크왕국(481~843)이 로마카돌릭을 신봉

▲ 셀주크제국과 십자군전쟁(출처: 역사부도, 보진재)

하게 되면서 영주(領主)와 장원(莊園)을 중심으로 한 봉건제도(封建制度)를 확립되어 중세사회(中世社會, 5~15C)가 되었다. 교황은 권한이 강화되자 1095년부터 1291년까지 9차에 걸쳐 셀주크트루크로부터 예루살렘성 탈환을 목적으로 한 십자군전쟁(十字軍戰爭)을 일으켰다. 십자군전쟁으로 봉건영주들이 약화되고 도시가 발달하면서 봉건제도가 무너져 내리게 되었다.

그러나 이 전쟁을 통한 동방무역을 주도했던 이탈리아의 베네치아와 수공업의 중심지였던 피렌체 등이 부를 축적하게 되었다. 더구나 이 전쟁을 통해 이슬람세계에서 역수입된 로마제국의 문화들에 의해 르네상스라는 그리스, 로마문명의 부활을 꿈꾸게 되는데, 그 중심에는 부를 축적한 베네치아공화국, 피렌체공화국 등에 의해 이탈리아에서부터 14세기 후반~16

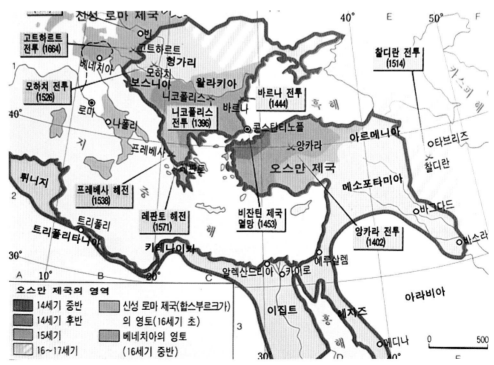

▲ 오스만국과 동로마제국의 멸망(labongbong.tistory.com/1430)

세기 후반에 걸쳐 '르네상스(Renaissance)'가 일어났다. 이것은 중세의 신본주의가 무너져 내리면서 그리스, 로마의 인본주의적(人本主義的) 사상이 팽배하게 되어 중세사회의 해체를 촉발시키는 계기가 되었으며, 이를 통해 새로운 전환기를 맞이하고 근대사회로 진입하게 된다.

⑤ 중국은 당나라 이후 송(宋)나라 때에는 북방 거란족의 요(遼), 여진족의 금(金)나라가 북경을 중심으로 한 북방지역을 빼앗기게 된다. 1206년 징기스칸(Genghis Khan)이 세운 몽골제국이 중국 전체를 차지하여 원제국(元帝國)이 성립되었을 뿐만 아니라, 이슬람세계를 정복하여 일칸국, 러시아지역을 점령하고 항가리 평원에서 유럽 기사단을 격파하였으며 킵챠크칸국을

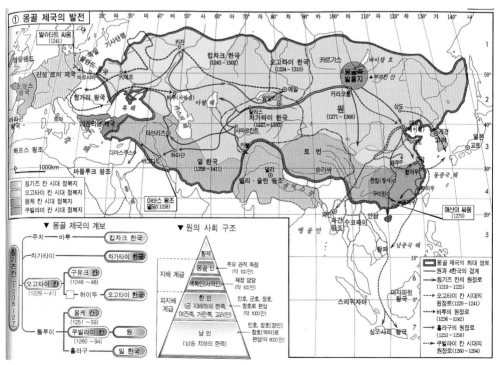

▲ 징기스칸의 정복과 몽골제국(출처: 역사부도, 천재교육)

건설하였다. 중앙아시아에는 차가타이칸국과 오고타이칸국을 건설하여 전 세계에서 가장 큰 '몽골제국'이 탄생하게 되었다.

1347년 흑해 연안 크림반도의 페오도시야(Feodosija)를 포위 공격했던 몽골 킵차크칸국의 자니베크칸은 흑사병에 걸려 죽은 군인의 시체를 투석기에 담아 도시의 성벽 너머로 던져 넣음으로써 흑사병을 생물학 무기로 사용하였다. 그 결과 도시에 흑사병이 퍼지게 되었다. 이 당시 페오도시야에는 이탈리아 제노바공화국에 교역소가 있었고, 교역소 사람들 중 일부가 시칠리아로 흑사병을 옮겨졌으며, 그 후 흑사병은 전 유럽으로 확산되었다.

14세기 초 유럽의 기후는 중세온난기가 끝나고 연 평균 기온이 하락하기 시작하였다. 겨울 추위는 매서워지고 여름 기후도 좋지 않아 1315년에서 1317년 사이에 대기근이 발생하였고 특히 북유럽의 피해가 심각하였다. 이러한 사정으로 인해 흑사병에 의한 피해는 더욱 악화되었다.

흑사병(黑死病)으로 1340년대에는 약 2천5백만 명이 희생되었는데 이것

▲ 마르세이유의 흑사병(미셸세레)

은 당시 유럽의 인구의 약 30%에 달하는 숫자로 유럽 지역의 인구는 흑사병으로 인해 지역에 따라 1/3~1/2 규모로 감소하였다. 이탈리아의 피렌체 공화국은 중세 말기 세계 경제의 중심지였는데 1348년 흑사병이 돌면서 몇 달 만에 인구의 절반인 10만 명이 사망하였다.[10]

이곳에 살았던 보카치오는 흑사병 퍼진 피렌체를 탈출해 시골마을로 온 7명의 여성과 3명의 남성의 경험담을 실은 『데카메론(Decameron)』을 1351년에 저술하였다. 최초의 흑사병 확산 이후 1700년대까지 100여 차례의 흑사병 발생하여 전 유럽을 휩쓸어 버렸다. 유럽 인구 약 1억 명 가운데 4분의 1인 2,500만 명이 희생당했으며 많은 농부들이 사망하게 되면서 영주들 파산하게 되면서 중세의 봉건체제가 붕괴하기 시작하였다. 이러한 분위기 속에서 흑사병에 피해가 컸던 피렌체를 중심으로 신(神) 중심의 사고에서 인간(人間) 중심으로 생각 체계가 바뀌게 되는 르네상스(Renaissance)가 태동하게 된 것이다.

⑥ 종교개혁(宗敎改革, 1517)은 중세의 끝에 서 있던 로마카톨릭의 부패상과 그들의 제도적, 신학적 허점을 독일의 말틴 루터(1583~1546)가 공격하면서 시작되었고, 그 뒤를 이어 스위스의 존 캘빈(1509~1564)에 의해 폭발하였다. 그들의 새로운 신학적 패러다임을 수호하기 위해 프로테스탄트들은 로마카톨릭과 '30년 전쟁(1618~1648)'을 치르게 되었다.

그 후 17세기에 이성의 힘으로 구질서를 타파하고 사회를 개혁하려는 '계몽주의'가 발생하면서 새로운 패러다임인 자유주의(自由主義) 사상이 팽배하게 되었고, 이러한 사상이 1789년에 '프랑스 대혁명'을 통해서 분출되

---

10) 정희성, 앞의 책, p.101.

었다. 이러한 자유주의 사상이 나폴레옹 전쟁을 통해서 전 유럽으로 퍼져 나가게 되었다.

⑦ 산업혁명(産業革命, 18세기 중반~19세기 초반)과 대항해시대의 신대륙의 발견, 제국주의, 식민지개척 등이다. 1769년 제임스왓트의 증기기관으로 시작된 산업혁명은 지금까지의 경제적 근간의 바탕을 뿌리채 흔들어 버렸다. 즉 인간의 노동력을 바탕으로 했던 수공업 생산에서 기계에 의한 대량생산으로 바뀌게 되었다. 이러한 막대한 생산물들을 판매할 소비지역을 찾기 위한 15세기 초반부터 18세기 중반의 대항해시대(大航海時代)를 통해 신대륙

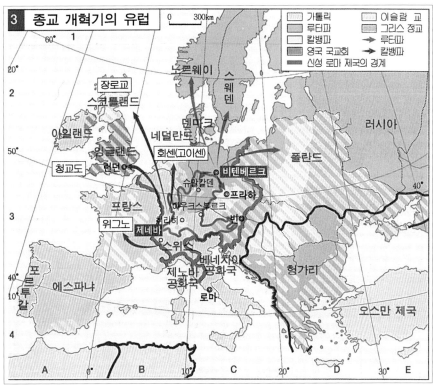

▲ 종교개혁(출처: 역사부도, 금성출판사)

을 발견하면서 그들을 식민지로 전락시켰다.[11] 이러한 막대한 부를 바탕으로 로 막강한 제국주의가 탄생하게 되었다.

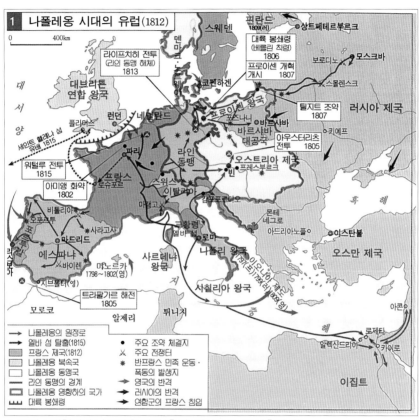

▲ 프랑스대혁명과 나폴레옹 전쟁(출처: 역사부도, 금성출판사)

11) 스페인의 피사로가 이끈 106명의 보병과 62명의 기병 부대가 1532년에 8만 대군을 보유하고 있었던 페루의 잉카(Inca)왕국을 붕괴시켰다. 그리고 1521년에 멕시코의 아즈텍(Aztec)왕국 또한 스페인의 코르테스가 이끈 400명에 의해 멸망당하였는데, 이당시 이들에 의해 전파된 천연두가 폭발적으로 유행하면서, 국왕과 측근들도 천연두로 사망했으며 노상에는 엄청난 수의 사체가 방치되었다. 그 결과, 국력이 약체화되어 결국 멸망으로 내몰리게 된 것이다. 15세기 말 아메리카 지역에는 약 6,000만 명(당시 세계 인구의 10%)이 살고 있었는데 식민지 개척자들을 따라 들어온 질병으로 수많은 이들의 목숨을 앗아가 인구가 500~600만 명으로 줄어들었다. 한 두 세기에 걸쳐 남북아메리카 인디언의 인구 중 최대 90%가 감소했을 것으로 추정되고 있다.(정희성, 앞의 책, pp.121~122)

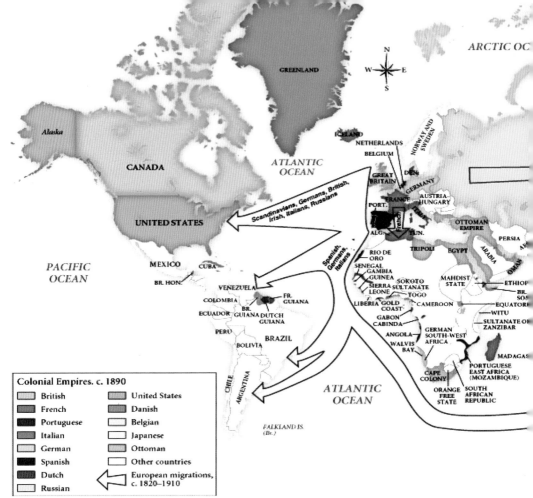

▲ 제국주의의 팽창과 식민지개척(blog.naver.com/yshan86)

　　제국주의 열강들이 충돌하면서 1차 세계대전(一次世界大戰, 1914~1918)을
일으키게 된다. 1차 세계대전에서 패전하게 된 독일 제국, 오스트리아-헝가
리 제국, 러시아 제국, 오스만 제국 등 4개 주요 제국이 해체되게 되었다.
1917년 러시아에서 공산주의에 의한 볼세비키혁명, 1929년 미국에서 경제
대공황이 일어났다. 1939년 독일 히틀러의 나치당은 이탈리아의 파시스트
당, 일본제국주의와 함께 2차 세계대전(二次世界大戰, 1939~1945)을 일으켜
전 세계를 전쟁의 소용돌이 속에 휩싸이게 되었다. 전후 미국과 소련의 냉
전체제가 지속되었으나 고르바쵸프에 의해 소련의 공산체제가 붕괴되고

말았다. 그 후 공산국가인 중국이 새로운 강자로 떠오르면서 세계는 새로운 질서로 재편되어 가고 있다.

중국의 위대한 발명품 중에서 세계사를 바꾼 3가지가 있는데 화약, 나침판, 종이 등이다. 중국인들은 우리의 새해인 춘절에 화약을 이용한 폭죽놀이를 한다. 이것이 서양으로 넘어가면서 총과 대포가 나타나게 된다. 고대인들은 바다를 항해할 때에 북극성과 같은 별자리를 이용하였으나 그 후 나침판을 이용하게 되면서 더 큰 바다로 멀리 나갈 수 있게 되었다.

이 두 개가 대항해시대를 열게 되었고 더 나아가 식민지개척을 유발하게 되었다. 이로써 아메리카 대륙 뿐만 아니라 아시아 대륙이 이들의 위협에 놓이게 되었다.

종이는 한나라 때에 채륜이 발명한 것으로 고구려의 유민이었던 당나라의 고선지(高仙芝) 장군이 실크로드를 정복해 나가면서 승승장구하다가 서쪽에서 팽창해오던 이슬람세력과 탈라스에서 맞붙게 되었다. 그러나 동맹국의 배신으로 패하면서 그의 휘하에 있었던 기술자들이 포로가 되면서 중앙아시아의 사마르칸트(Samarkand)에 종이가 전해지게 되었고 나아가 바그다드를 거쳐서 서유럽으로 들어가게 된다. 그 이전에는 이집트는 파피루스, 유업에는 양피지를 시용하여 글자를 적었다. 그러나 종이가 전해지게 되고 1450년 독일의 쿠텐베르크가 인쇄술을 발명하면서 책을 용이하게 만들 수 있게 되었다. 이 덕택에 마틴 루터와 죤 캘빈의 종교개혁이 유럽 전역으로 빠르게 전파될 수 있게 된 것이다. 이러한 운동은 30년전쟁을 통해 유럽 세계를 새로운 판으로 뒤집어 버렸다.

위에 열거된 역사적 전환기라는 변혁기에는 새로운 사상과 체제가 나타나 새로운 패러다임(Paradigm)을 형성하면서 새 시대를 주도하게 되는 것을 알게 되었다. 이것은 인간이 사계절을 따라서 옷을 갈아입는 것과 같다. 즉 구체제인 앙샹리즘(Ancien Régime)은 도도한 역사의 탁류 속에서 여지없이 무너져 내리고 마는 것을 보게 된다.

4. 한국사의 역사적 전환기

우리나라의 역사적 전환기를 살펴보면 다음과 같다.

① 고조선(古朝鮮)의 멸망(108)이다.

현재 사학계에서는 "고조선이 위만에게 위만조선은 한무제에게 멸망당했다."고 한다. 그러나 민족사학계에서는 고조선은 만주지역에 진조선, 요동지역에는 번조선, 한반도에는 막조선이 있었다고 보았다. 이 중에서 "위만에게 멸망당한 것은 번조선이며, 진조선은 북부여의 해모수에게 멸망당했다"고 한다. 이러한 두 가지 견해는 전혀 다르다.

왜냐하면, 만주지역의 진조선은 북부여를 세운 해모수(解慕漱)에게 멸망당하고 만주, 한반도지역에 포진한 소국들이 독립해 나가면서 열국시대(列國時代)가 되었다는 견해와 BC 108년에 위만조선의 우거가 한(漢)나라 무제(武帝)에게 멸망당하면서 요동과 한반도 북부지역이 중국의 식민지로 전락했다고 보는 한사군설(漢四郡說)이 대치하기 때문이다.

더구나 한반도지역에 있었던 막조선 지역에 대해서도 그리스의 폴리스와 같이 여러 소국들이 통합되지 못했다고 보는 견해와 진국(辰國)이라는 통합체 속에 마한을 정점으로 그 아래에 진한, 변한이 있다고 보는 견해가 대치되고 있다.

이러한 전혀 다른 역사해석은 우리 민족 전통의 계승이냐 아니면 중국의 식민지화를 통한 중국문화의 예속화냐 하는 것이다. 즉 우리 민족의 첫 역사인 고조선에 대한 명쾌한 해석이 없기 때문에 한국사에 대한 인식 자체가 흔들리고 있다.

② 백제(百濟, BC 18~660)와 고구려(高句麗, BC37~668)의 멸망이다.

고구려는 그 당시 중국을 통일하고 거란, 돌궐 등을 복속하고 거대한 중국을 만들었던 수, 당나라와 동아시아의 패권 경쟁을 하였다. 더구나 백제는 일본을 다스렸으며 나아가 한때는 중국의 동부연안을 지배하였던 해양국가였다. 그러나 이러한 고구려와 백제의 몰락은 우리 민족이 만주대륙을 잃어버리는 동시에 중국 중심의 역사로 편입되면서 강건한 전통적 사상이 쇠락하게 되었다.

신라의 김춘추(金春秋)는 당나라의 군사력을 이용하여 통일을 이룩하는 과정에서 당나라의 옷을 입을 정도로 굴욕적인 사대적(事大的) 외교를 구사하였다. 그러나 발해는 고구려의 옛 영토를 회복하였으나 요나라에게 멸망당하면서 만주(滿洲) 지역을 상실하게 되었다.

③ 신라(新羅, BC 57년~935), 고려(高麗) 교체기이다.

신라의 골품제도는 부모로 인하여 사회적 지위가 정해지는 것으로 정권다툼으로 부패한 중앙정부에 대항하여 지방에서는 호족(豪族)들이 등장하게 되었고 이들의 사상적 배경은 지금까지 신라의 귀족사회를 지배하고 있었던 부처님의 말씀을 공부하던 교종이라는 불교가 아니라, 9산선문(九山禪門)을 바탕으로 자유로운 명상수행을 통해 깨달음을 얻고자 하는 선종(禪宗)이었다. 이것은 기존의 질서체계를 무시하는 것으로 새로운 세계를 열고자 하였던 호족들의 생각과 일치하는 것이었다.

④ 고려(918~1392)는 거란족, 여진족의 침입을 잘 견디었으며 무신난에 의해 무신정권(武臣政權)이 들어서게 된다.

이것으로 인하여 문치로 흘렀던 고려는 약육강식의 힘에 의한 지배가 난립하게 된다. 몽골제국과의 전쟁(1231)의 패배와 더불어 무신정권이 몰락하면서 세계질서로 편입하게 되어 원제국(元帝國)의 부마국(駙馬國)이 된다.

⑤ 고려, 조선(朝鮮, 1392~1910)의 교체기이다.

위화도회군(威化島回軍)으로 정권을 장악한 이성계가 조선을 건국하면서 고려말에 들어온 주자학(朱子學)이 정치 이데올로기로 등장하면서 명나라에 대한 사대주의(事大主義)가 팽배하게 된다. 불교를 탄압하고 승려를 천민화하면서 전통사상이 몰락하게 된다. 사림파(士林派)가 정권을 장악하고 사색당파(四色黨派)로 인한 패거리정치로 전락하면서 국력이 소모되고 민심이 이탈하게 된다.

⑥ 임진왜란(壬辰倭亂, 1592)과 병자호란(丙子胡亂, 1636)이다.

양란이후 17세기 후반에서 19세기 후반까지 이용후생(利用厚生), 실사구시(實事求是)의 실학(實學)과 같은 자성의 목소리가 높았으나 실패한 자들의 담론으로 그쳤을 뿐 현실 정치에는 반영되지 않았다. 더구나 지행합일(知行合一)의 양명학(陽明學)이 전파되었으나 강화도에서 정제두(鄭齊斗, 1649~1736)를 중심으로 일부학자들의 담론으로 끝나고 현실 정치에 반영되지 못했다. 특히 19세기의 세도정치(勢道政治)로 인해 매관매직, 세금포탈로 인하여 민생이 파탄되었다.

⑦ 조선의 멸망(1910)과 식민지화이다. 개혁정치를 내세운 흥선대원군(1864~1873)마저 무리한 경복궁 재건을 위해 매관매직을 하였다. 개화파와 수구파의 정쟁으로 급기야는 자주성을 잃고 중국, 일본, 러시아 등 외세를 등에 업은 정치를 하려고 하다가 일본제국주의에 의해 패망하게 되었다.

⑧ 해방(1945) 이후이다.

분할신탁통치로 인하여 미군정(美軍政)이 들어서면서 그들은 상해임시정부를 인정하지 않았고 친일파(親日派)들을 그대로 재임용하였다. 대한민국(大韓民國)의 건국으로 대통령이 된 이승만(1948~1960) 또한 친일파 재등용, 친일적 한민당(韓民黨)의 야당화, 민족주의 계열을 공산주의자로 몰아서 숙청하여 민족주의가 쇠퇴하게 되었다.

냉전시대를 배경으로 반공을 앞세운 이승만, 박정희(1963~1979), 전두환(1980~1988), 노태우(1988~1993)의 독재와 이에 맞서는 운동권(運動圈)들은 공산주의를 투쟁의 이데올로기로 채택하게 되었다. 박정희의 고도 경제성장 속에는 우파(右派)의 부패성이 내재되었으며, 데모만을 일삼았던 좌파(左

▲ 8.15 해방 (blog.naver.com/yshan86)

派)의 무능력으로 인하여 정치적인 혼란이 가중되어 김영삼 당시 IMF사태로 인해 중산층이 붕괴되면서 빈익빈 부익부의 양극화 현상이 나타나게 되었다.

5. 대전환기에 대한 예언

(1) 기독교의 말세론

① 마24:1-51

예수께서 감람 산 위에 앉으셨을 때에 제자들이 조용히 와서 이르되 우리에게 이르소서 어느 때에 이런 일이 있겠사오며 또 주의 임하심과 세상 끝에는 무슨 징조가 있사오리이까. 예수께서 대답하여 이르시되 너희가 사람의 미혹을 받지 않도록 주의하라. 많은 사람이 내 이름으로 와서 이르되 나는 그리스도라 하여 많은 사람을 미혹하리라. 난리와 난리 소문을 듣겠으나 너희는 삼가 두려워하지 말라 이런 일이 있어야 하되 아직 끝은 아니니라. 민족이 민족을, 나라가 나라를 대적하여 일어나겠고 곳곳에 기근과 지진이 있으리니 이 모든 것은 재난의 시작이니라. 그때에 사람들이 너희를 환난에 넘겨주겠으며 너희를 죽이리니 너희가 내 이름 때문에 모든 민족에게 미움을 받으리라. 그 때에 많은 사람이 실족하게 되어 서로 잡아 주고 서로 미워하겠으며 거짓 선지자가 많이 일어나 많은 사람을 미혹하겠으며 불법이 성하므로 많은 사람의 사랑이 식어지리라. 그러나 끝까지 견디는 자는 구원을 얻으리라. 이 천국 복음이 모든 민족에게 증언되기 위하여 온 세상에 전파되리니 그제야 끝이 오리라.

그러므로 너희가 선지자 다니엘이 말한 바 멸망의 가증한 것이 거룩한 곳에 선 것을 보거든 (읽는 자는 깨달을진저) 그 때에 유대에 있는 자들은 산으로 도망할지어다. 지붕 위에 있는 자는 집 안에 있는 물건을 가지러 내려 가지 말며 밭에 있는 자는 겉옷을 가지러 뒤로 돌이키지 말지어다. 그 날에는 아이 밴 자들과 젖 먹이는 자들에게 화가 있으리로다. 너희가 도망하는 일이 겨울에나 안식일에 되지 않도록 기도하라. 이는 그 때에 큰 환난이 있겠음이라 창세로부터 지금까지 이런 환난이 없었고 후에도 없으리라. 그 날들을 감하지 아니하면 모든 육체가 구원을 얻지 못할 것이나 그러나 택하신 자들을 위하여 그 날들을 감하시리라.

그 때에 사람이 너희에게 말하되 보라 그리스도가 여기 있다 혹은 저기 있다 하여도 믿지 말라. 거짓 그리스도들과 거짓 선지자들이 일어나 큰 표적과 기사를 보여 할 수만 있으면 택하신 자들도 미혹하리라. 보라 내가 너희에게 미리 말하였노라. 그러면 사람들이 너희에게 말하되 보라 그리스도가 광야에 있다 하여도 나가지 말고 보라 골방에 있다 하여도 믿지 말라. 번개가 동편에서 나서 서편까지 번쩍임 같이 인자의 임함도 그러하리라. 주검이 있는 곳에는 독수리들이 모일 것이니라. 그 날 환난 후에 즉시 해가 어두워지며 달이 빛을 내지 아니하며 별들이 하늘에서 떨어지며 하늘의 권능들이 흔들리리라. 그 때에 인자의 징조가 하늘에서 보이겠고 그 때에 땅의 모든 족속들이 통곡하며 그들이 인자가 구름을 타고 능력과 큰 영광으로 오는 것을 보리라. 그가 큰 나팔소리와 함께 천사들을 보내리니 그들이 그의 택하신 자들을 하늘 이 끝에서 저 끝까지 사방에서 모으리라. 무화과나무의 비유를 배우라 그 가지가 연하여지고 잎사귀를 내면 여름이 가까운 줄을 아나니 이와 같이 너희도 이 모든 일을 보거든 인자가 가까이 곧 문 앞에 이른 줄 알라. 내가 진실로 너희에게 말하노니 이 세대가 지나가기 전에 이 일이 다 일어나리라. 천지는 없어질지언정 내 말은 없어지지 아니하리라.

그러나 그 날과 그 때는 아무도 모르나니 하늘의 천사들도, 아들도 모르고 오직 아버지만 아시느니라. 노아의 때와 같이 인자의 임함도 그러하리라. 홍수 전에 노아가 방주에 들어가던 날까지 사람들이 먹고 마시고 장가 들고 시집 가고 있으면서 홍수가 나서 그들을 다 멸하기까지 깨닫지 못하였으니 인자의 임함도 이와 같으리라.

② 디모데후서 3:1-7

너는 이것을 알라 말세에 고통하는 때가 이르러 사람들이 자기를 사랑하며 돈을 사랑하며 자랑하며 교만하며 비방하며 부모를 거역하며 감사하지 아니하며 거룩하지 아니하며 무정하며 원통함을 풀지 아니하며 모함하며 절제하지 못하며 사나우며 선한 것을 좋아하지 아니하며 배신하며 조급하며 자만하며 쾌락을 사랑하기를 하나님 사랑하는 것보다 더하며 경건의 모양은 있으나 경건의 능력은 부인하니 이같은 자들에게서 네가 돌아서라. 그들 중에 남의 집에 가만히 들어가 어리석은 여자를 유인하는 자들이 있으니 그 여자는 죄를 중히 지고 여러 가지 욕심에 끌린 바 되어 항상 배우나 끝내 진리의 지식에 이를 수 없느니라

③ 요한계시록 8:7-13

첫째 천사가 나팔을 부니 피 섞인 우박과 불이 나와서 땅에 쏟아지매 땅의 삼분의 일이 타 버리고 수목의 삼분의 일도 타 버리고 각종 푸른 풀도 타 버렸더라. 둘째 천사가 나팔을 부니 불 붙는 큰 산과 같은 것이 바다에 던져지매 바다의 삼분의 일이 피가 되고 바다

가운데 생명 가진 피조물들의 삼분의 일이 죽고 배들의 삼분의 일이 깨지더라. 셋째 천사가 나팔을 부니 횃불 같이 타는 큰 별이 하늘에서 떨어져 강들의 삼분의 일과 여러 물샘에 떨어지니 이 별 이름은 쓴 쑥이라 물의 삼분의 일이 쓴 쑥이 되매 그 물이 쓴 물이 되므로 많은 사람이 죽더라. 넷째 천사가 나팔을 부니 해 삼분의 일과 달 삼분의 일과 별들의 삼분의 일이 타격을 받아 그 삼분의 일이 어두워지니 낮 삼분의 일은 비추임이 없고 밤도 그러하더라. 내가 또 보고 들으니 공중에 날아가는 독수리가 큰 소리로 이르되 땅에 사는 자들에게 화, 화, 화가 있으리니 이는 세 천사들이 불어야 할 나팔 소리가 남아 있음이로다 하더라.

④ 요한계시록 16:2-11

첫째 천사가 가서 그 대접을 땅에 쏟으매 짐승의 표를 받은 사람들과 그 우상에게 경배하는 자들에게 악하고 독한 종기가 나더라. 둘째 천사가 그 대접을 바다에 쏟으매 바다가 곧 죽은 자의 피 같이 되니 바다 가운데 모든 생물이 죽더라. 셋째 천사가 그 대접을 강과 물 근원에 쏟으매 피가 되더라. 넷째 천사가 그 대접을 해에 쏟으매 해가 권세를 받아 불로 사람들을 태우니 사람들이 크게 태움에 태워진지라 이 재앙들을 행하는 권세를 가지신 하나님의 이름을 비방하며 또 회개하지 아니하고 주께 영광을 돌리지 아니하더라. 또 다섯째 천사가 그 대접을 짐승의 왕좌에 쏟으니 그 나라가 곧 어두워지며 사람들이 아파서 자기 혀를 깨물고 아픈 것과 종기로 말미암아 하늘의 하나님을 비방하고 그들의 행위를 회개하지 아니하더라.

⑤ 누가복음 9:26

누구든지 나와 내 말을 부끄러워하면 인자도 자기와 아버지와 거룩한 천사들의 영광으로 올 때에 그 사람을 부끄러워하리라.

누가복음 17:22-24 또 제자들에게 이르시되 때가 이르리니 너희가 인자의 날 하루를 보고자 하되 보지 못하리라. 사람이 너희에게 말하되 보라 저기 있다 보라 여기 있다 하리라 그러나 너희는 가지도 말고 따르지도 말라. 번개가 하늘 아래 이쪽에서 번쩍이어 하늘 아래 저쪽까지 비침같이 인자도 자기 날에 그러하리라.

누가복음 18:8 내가 너희에게 이르노니 속히 그 원한을 풀어 주시리라 그러나 인자가 올 때에 세상에서 믿음을 보겠느냐 하시니라.

▲ 말세의 예수 재림(blog.naver.com/yshan86)

누가복음 21:27 그 때에 사람들이 인자가 구름을 타고 능력과 큰 영광으로 오는 것을 보리라.

사도행전 7:55-56 스데반이 성령 충만하여 하늘을 우러러 주목하여 하나님의 영광과 및 예수께서 하나님 우편에 서신 것을 보고 말하되 보라 하늘이 열리고 인자가 하나님 우편에 서신 것을 보노라 한대

요한계시록 14:14 또 내가 보니 흰 구름이 있고 구름 위에 인자와 같은 이가 앉으셨는데 그 머리에는 금 면류관이 있고 그 손에는 예리한 낫을 가졌더라.

(2) 불교의 말법시대와 미륵사상

① 말법사상(末法思想)

불교의 유통이 시대에 따라 변천한다고 보는 불교교리로 그 시기를 정법·상법·말법의 3기로 분류하며, 이 3기 중 가장 문제시되는 때가 말법기라고 하여 말법사상에 대한 논란이 특히 많다.

정법시대(正法時代)에는 부처의 교법을 그대로 수행하여 쉽게 성과(聖果)를 성취하는 시기로 오도(悟道)하는 이가 특별히 많다고 하였다.

상법시대(像法時代)에는 정법의 시기와 겉모습은 비슷하여 수행하는 이는 많지만 증과(證果)에 도달하는 이는 적다고 하였다. 일반적으로 경전에서는 정법시기를 석가모니 때부터 1,000년의 기간으로 잡았고, 상법시기를 정법이 끝난 뒤의 1,500년으로 잡고 있다.

상법시대(像法時代)에는 정법의 시기와 겉모습은 비슷하여 수행하는 이는

많지만 증과(證果)에 도달하는 이는 적다고 하였다. 일반적으로 경전에서는 정법시기를 석가모니 때부터 500년 또는 1,000년(AD 456년)의 기간으로 잡았고, 상법시기를 정법이 끝난 뒤의 1,000년(AD 1456년)으로 잡고 있다.

말법시대(末法時代)는 그 후에 나타나는데 5난과 5탁의 악한 세상을 말한다. 오탁(五濁)이란 첫째 겁탁은 시대의 혼탁으로 전쟁·전염병·기근·재난 등이 일어나고, 둘째 견탁은 사상의 혼탁으로 그릇된 사상이 세상에 넘친다. 셋째 번뇌탁은 사람의 마음속에 탐욕·분노 등의 번뇌가 가득차고, 넷째 중생탁은 사람들의 인륜, 도덕이 타락하고 사회악이 넘친다. 다섯째 명탁은 사람의 수명이 점차 단축되는 것을 말한다. 오난(五難)은 재가자가 비구 위에 있으며, 재가자가 설법을 하고 수행자들이 도리어 그것을 배우는 뒤바뀐 세상이 되는 것을 말한다. 즉 이 시기에는 중생들의 근기(根機)가 떨어져서 수행하는 이는 적고, 불법(佛法)은 더욱 미미하고 쇠퇴해져서 사람들이 도를 닦기보다는 교만과 시비에 휩쓸리는 시기로 보고 있다.

특히 수나라의 신행(信行, 540~594)은 말법사상에 입각한 새로운 불교 종파인 삼계교(三階敎)를 창설하였다. 『지장십륜경(地藏十輪經)』에 입각하여 정법은 제1계, 상법은 제2계, 말법은 제3계라고 주장한 뒤, 말법시대가 시작된 지금부터는 반드시 보법(普法)을 닦고 보행(普行)을 실천해야 됨을 강조하였다. 그는 보법보행의 교법으로서 『화엄경(華嚴經)』의 가르침을 강조하였다. 또 도작(道綽)과 선도(善導)는 말법시대에 맞는 수행법으로 참회와 염불(念佛)을 크게 강조하였다. 신행과 도작 등의 말법사상은 우리나라에도 은근한 영향을 미쳤으나, 당시 우리나라에는 불교교학에 대한 연구가 활발히 이루어졌고 신앙이 철저하던 시기였으므로 크게 영향을 미치지는 못하였다.

그러나 고려 초기에 법을 구하는 승려 36인이 송나라로 들어가서 연수(延壽, 904~975)로부터 선정일여(禪淨一如)의 사상을 배워 온 뒤부터 말법사상에 기초를 둔 정토신앙이 크게 유행하게 되었다. 말법사상에 기초를 둔 정토사상은 스스로의 힘에 의해서 깨달음을 이루어야 하는 선(禪)이나 보살도(菩薩道)는 난행도(難行道)에 속하는 것으로 말법의 중생이 그것을 이루는 것은 매우 어렵다는 주장을 편 뒤, 아미타불의 원력(願力)에 의지하여 쉽게 정토에 왕생할 수 있는 염불수행을 하라는 것을 강조한 것이다. 그에 따라 고려 초기 및 중기의 불교계에는 이러한 말법시대(末法時代)에는 정도(正道)가 땅에 떨어졌으니 정혜(定慧)를 닦기보다는 염불(念佛)하는 것이 더 바람직하다는 흐름이 크게 확산되어 있었다.

이에 대해 고려 중기의 조계종을 창시한 지눌(知訥, 1158~1210)은 『권수정혜결사문(勸修定慧結社文)』을 지어, 시대는 비록 변할지라도 심성(心性)은 변하지 않는 것이거늘 법과 도를 흥하고 쇠하는 것이라고 보는 것은 대승의 이치를 모르는 사람의 소견이라고 하였다. 지눌은 이 저서에서 몇 가지 이유를 들어 말법을 핑계삼아 염불수행만을 취하는 그릇된 편견을 바로 고치고자 하였다. 또 그는 『원돈성불론(圓頓成佛論)』에서 『화엄경』의 대의는 말세의 슬기로운 중생으로 하여금 나고 죽는 현실계에서 단박에 부처의 부동지(不動智)를 깨닫게 하는 데 있는 것임을 강조하여, 아무리 말법시대라 할지라도 슬기로운 중생은 부동지를 이룰 수 있음을 밝히고 있다.

고려 말의 야운(野雲)은 『자경문(自警文)』에서, "오직 이 말법시대에는 성인이 가신 지 오래여서 마(魔)는 강하고 법은 약하며, 남을 옳게 지도하는 이는 적고 남을 그르치는 이는 많으며, 슬기로운 이는 드물고 어리석은 이는 많다."고 하여 말법시대의 양상을 열거한 뒤, 그러나 스스로 도를 닦지 않는 것을 한탄할지언정 말세에 태어난 것을 근심해서는 안 됨을 강조하여 말법사상을 무시하였다.

이와 같은 선종의 전통은 조선시대에도 그대로 전승되어 조선 중기의 휴정(休靜, 1520~1604)은 "마군(魔軍)의 떼들이 말법시대에 불붙듯 일어나서 정법을 어지럽게 하는 것이니 참선을 공부하는 사람은 이를 깊이 염두에 두어야 한다."고 하였다. 그러나 염불(念佛)을 강조하는 종파와 승려들은 말법시대(末法時代)를 염불을 권장하는 방편으로 삼아 선종과는 전혀 다른 입장을 취하면서 말법사상을 주장하였다.[12]

② 미륵신앙

미륵불 또는 미륵보살을 신앙 대상으로 삼는 불교신앙. 보살신앙. 개설 미륵신앙이란 지난날 석가모니불이 그 제자 중의 한 사람인 미륵에게 장차 성불하여 제1인자가 될 것이라고 수기(授記)한 것을 근거로 삼고, 이를 부연

▲ 금동미륵반가사유상(출처: 문화재청)

12) 『한국민족문화대백과사전』, 한국정신문화연구원, 1979, p.687.

하여 편찬한 미륵삼부경(彌勒三部經)을 토대로 하여 발생한 신앙이다. 이 삼부경은 각각 상생(上生)과 하생(下生)과 성불(成佛)에 관한 세 가지 사실을 다루고 있다.

『미륵하생경(彌勒下生經)』과 『관미륵보살상생도솔천경(觀彌勒菩薩上生兜率天經)』에 의하면 미륵보살은 인도 바라나시국의 바라문 집안에서 태어나 석가의 교화를 받으면서 수도하다가, 미래에 성불하리라는 수기를 받은 뒤 도솔천에 올라갔고, 지금은 천인(天人)들을 위하여 설법하고 있다고 한다.

그러나 석가모니불이 입멸(入滅)하여 오랜 시간이 지난 뒤, 인간의 수명이 차차 늘어나게 될 때 이 사바세계에 다시 태어나 화림원(華林園)의 용화수(龍華樹) 아래에서 성불하며, 3회의 설법으로 272억 인을 교화한다고 하였다. 이러한 도솔천의 미륵보살이 다시 태어날 때까지 중생구제를 위한 자비심을 품고 먼 미래를 생각하며 명상하는 자세가 곧 반가사유상(半跏思惟像)으로 묘사되었다. 그리고 과거불인 연등불, 현재불인 석가여래불, 미래불인 미륵불 등을 표현한 삼존불상에도 반가사유상으로 나타나고 있다.

미륵불에 대한 신앙은 통속적인 예언의 성격을 띠고 있으며, 구원론적인 구세주의 현현을 의미하기도 한다. 믿음이 있는 사람이면 누구나 품게 되는 이념으로, 지나치게 이론적인 종교라고 비판을 받고 있는 불교가 가질 수 있는 구체적인 신앙형태가 곧 미륵신앙이다. 미래세에 대한 유토피아적 이념이 표출된 희망의 신앙이라는 면에서 우리의 불교사 속에서 깊은 관심의 대상이 되었던 것이다.

삼국시대 백제의 무왕은 거대한 미륵사지(彌勒寺址)를 창건하였으며, 신라시대의 화랑(花郎) 중에 김유신을 따랐던 집단을 용화낭도(龍華郎徒)라고 부르고 있어서 미륵신앙이 서로 밀접하게 연결되었던 것을 볼수 있다. 더구나 궁예는 스스로 미륵이라고 하였다. 고려, 조선시대에는 은진미륵, 중원 미

륵사지, 금산사의 미륵전, 선운사의 도솔암, 법주사의 청동미륵대불 등이
남아 있다.

삼국시대로부터 고려, 조선시대에 이르기까지 우리 나라의 미륵신앙은
면면히 이어 오면서 많은 영향을 끼쳐 오고 있다. 특히 안성의 아양동미륵,
쌍미륵, 궁예미륵, 태평미륵, 대농리 석불입상들처럼 우리나라 각지에는 길
거리에 서 있는 미륵불상들을 볼 수 있다. 이것은 미륵이 사찰 안에 모셔져
있었던 다른 불상과는 달리 민가 부근에 존 재하고 있어서 민중들의 생활
속에 깊이 자리잡고 있었음을 보여 주고 있다.

이것은 압제를 받아 왔던 민중들이 미래의 미륵이 출현하는 유토피아적
이상세계를 꿈꾸면서 현실의 고통을 극복할 수 있는 미륵신앙은 주로 하
층민의 희망의 대상이 되기도 하였다.[13]

(3) 한국의 후천개벽사상

① 개벽의 정의

개벽이란 천지가 처음으로 새로 생김(天開地闢)과 어지러운 세상이 뒤집혀
다시 평화로워짐(治亂太平)의 의미로 동양 고대에서부터 사용되던 개념이다.
이 말은 일찍이 중국에서 사용되기 시작했고, 우리나라에서도 같은 의미로
썼다. 그런데 천지개벽을 분기점으로 그 이전을 선천, 그 이후를 후천이라
고 하여 개벽과 선·후천이라는 개념이 한국민족종교 창시자들에 의해 또
다른 개념으로 사용되었다.

이들은 자기들이 살았던 시대를 기점으로 하여 그 이전을 선천, 그 이후

---

13) 김상룡, 『한국미륵신앙의 연구』, 동화출판공사,1983; 장영주, 『한국의 미륵사상』, 한국미륵
사상연구회, 1982; 불교문화연구원, 『한국미륵사상연구』, 동국대학교 출판부, 1987; 『미륵사
상의 현대적 조명』, 법주사, 1990; 장지훈, 『한국고대미륵신앙연구』, 집문당, 1997.

를 후천으로 보고, 선천세계(先天世界)는 묵은 세상, 낡은 세상으로 불평등·불합리·부조리한 세상이었으나, 개벽(開闢)된 이후의 후천세계(後天世界)는 그와 반대로 평등·합리·정의롭고 공명정대한 살기 좋은 낙원의 문명세상이 된다는 것이다. 특히 민족종교 창시자 중에서도 수운(水雲)·일부(一夫)·증산(甑山)·소태산(少太山) 등이 대표적이다.[14]

② 개벽 사상의 계보

a. 수운(水雲) 최제우(崔濟愚)

그는 천지창조 후, 특히 천황씨(天皇氏) 이후 수운 자신의 득도 전까지를 선천의 개념에 넣고, 그 이후 앞으로 5만년까지를 후천으로 잡고 있다. 그의 도는 후천 5만 년의 무극대운(無極大運)을 타고 창립되었다고 한다. 손병희(孫秉熙)[15]는 그의 개벽사상을 인(人)개벽·물(物)개벽으로 풀이하였는데, 인개벽은 정신개벽이요, 물개벽은 육신개벽이라고 말하였고, 이돈화(李敦化)[16]는 이를 더 구체화시켜 정신개벽·민족개벽·사회개벽으로 풀이하였다.

한편, 천운(天運)에 따라 후천 5만 년 대운의 주재자가 된 수운도 어쩔 수 없이 밀어닥치는 천조(天造)의 악운을 피하지 못하게 되는데, 이때 생기는

---

14) 김홍철, 『한국신종교사상의 연구』, 집문당, 1989 ; 이돈화, 『신인철학』, 천도교중앙총부, 1968.
15) 손병희는 동학에 입도한 후 1893년 1월 동학교단의 광화문교조신원운동 참가, 3월 보은 척왜양창의운동에서 충의대접주 임명, 1894년 9월 통령으로 동학농민운동 참여, 1897년에 2대 교주 최시형에 이어서 천도교의 3대 교주가 되었다. 1901년 일본으로 망명하여 개화파 인사들과 교류, 1905년 12월 동학을 천도교로 개칭, 1906년 2월 천도교중앙총부 설립 및 대도주 취임, 1912년 민족문화수호운동본부 총재, 1917년 천도구국단 명예총재, 1919년 민족대표로 3·1운동을 주도하였다.(『한국민족민화대백과사전』, 한국정신화연구원, 1979)
16) 1920년에 〈개벽(開闢)〉과 〈부인(婦人)〉, 〈신인간(新人間)〉 등을 창간하여 주간으로서 천도교 교리에 대한 근대적 해석과 민족자주사상을 드높이는 글을 실었다. 천도교 주임종리사·지도관장·종법사·총부대령 등의 여러 중책을 역임했는데 6.25전쟁 당시 납치되어 행방불명되었다.(위의 책, 1979)

인류의 대환란(大患亂)이 괴질(怪疾)이며, 전대미문(前代未聞)의 대병난(大病難)이 얼마동안 인류를 괴롭힌다는 것이다. 그러나 괴질운수가 지내고 나면, 만고 없는 무극대도(無極大道)가 후천 5만 년의 운을 담당하여 후천선경(後天仙境)을 이루게 된다고 보는 것이 수운의 후천개벽에 대한 견해였다.[17]

b. 일부(一夫) 김항(金恒)

그는 동양 전래의 『주역(周易)』을 선천의 사상으로 보고 후천역(後天易)에 해당하는 『정역(正易)』을 저술하여 그의 후천개벽 사상을 전개하고 있다. 일부의 후천개벽 사상은 크게 두 가지로 구분된다. 일월개벽(日月開闢)과 신명개벽(神明開闢)이다.

일월개벽이란 우주의 운행질서 자체의 변화를 말하는데, 선천의 잘못된 건곤(乾坤·天地·陰陽)이 바른 위치를 잡게 된다는 것이다. 『주역』에서 구별하였던 복희역(伏羲易) 선천과 문왕역(文王易) 후천이라는 개념이 문왕역 선천과 정역 후천이라는 도식으로 바뀌게 된다는 것이다. 신명개벽이란 인간의 정신세계의 개벽을 의미하는데, 여기서 신명이란 곧 인간의 내적 정신세계를 가리킨다. 그는 일월개벽이 이루어짐과 아울러 인간의 신명개벽이 이루어져야 완전한 개벽이 된다고 보았다.[18]

c. 증산(甑山) 강일순(姜一淳)

그가 살았던 시점을 기준으로 그 이전을 선천 그 이후를 후천으로 보고, 선천은 상극(相剋)으로 후천을 조화(調化·造化)로 규정하였다. 그의 개벽공사는 천(天)개조공사·지(地)개조공사·인(人)개조공사로 나눌 수 있다.

---

17) 『천도교경전』, 천도교중앙총부, 2012.
18) 이정호, 『정역연구』, 국제대학인문사회과학연구소, 1976.

천개조란 하늘을 뜯어고치는 공사를 말한다. 하늘에는 노천(老天)과 명천(明天)이 있는데, 선천 5만 년은 노천이고, 이 노천을 명천으로 뜯어고친 공사이다. 지개조란 땅 고르는 공사다. 박토·옥토를 없애 모두가 옥토가 되게 하고, 세계의 지운(地運)을 통일하여 지덕을 높이는 공사, 잘못된 지축을 바로잡는 공사 등이다. 인개조란 인간의 존엄성을 높인 공사다. 그는 천존(天尊)과 지존(地尊)보다 인존(人尊)이 크다고 말하고, 전선무악공사(全善無惡公事)를 통해 후천에는 모두가 도통군자가 된다고 했다. 그의 후천개벽설의 특징은 자신이 상제(上帝)의 권능과 힘으로 세상의 운도를 뜯어고쳐 후천선경이 되게 했다는 점이다.[19]

d. 소태산(少太山) 박중빈(朴重彬)

소태산 박중빈이 본 후천개벽은 낡은 세상이 지내가고 새로운 세상이 돌아온다는 관점과 새로운 세상의 주인이 되고 낙원을 건설하기 위해서는 정신개벽이 필요함을 강조했다. 그는 지금 세상은 '묵은 세상의 끝이요 새 세상의 처음'이며, '어두운 밤이 지내가고 바야흐로 동방에 밝은 해가 솟으려는 때'라 하여 일대 획기적 변화의 시대임을 밝히고 있다.

그는 전체적인 입장에서 지금까지와는 크게 다른 새로운 차원의 세상으로 옮겨지고 있음을 말한 것이다. 또한 앞으로 돌아올 큰 문명세계를 '대명천지(大明天地)' 혹은 '양세계(陽世界)'라 부르기도 했다. 이는 과학으로 인한 물질문명과 도덕으로 인한 정신문명이 크게 떨치는 세상이 도래되었음을 시사한 것이다. 그는 '물질이 개벽되니 정신을 개벽하자'는 개교포어(開敎標語)를 내걸고 개교동기(開敎動機)에서도 이점을 특히 강조하고 있다.[20]

---

19) 『도전道典』, 증산도, 2003; 『대순전경』, 증산교본부, 1979.
20) 『원불교전서』, 원불교정화사, 1977.

6. 4차 산업혁명시대와
코로나로 인한 대전환기

① 4차산업시대와 문명대전환기의 예측

4차산업혁명시대[21]에 들어서면서 하나의 기술이 아니라 여러개의 기술이 필요한 멀티스킬 시대가 되어 협업을 요하는 시대가 되었다. 그래서 4차산업시대의 특징은 4C로 의사소통(Communication), 비판적사고(Criticism), 창조성(Creativity), 협업(Collaboration) 등이 된다. 새로운 기술로는 드론(Drone)[22], 로봇(Robot)[23] 뿐만 아니라 사물인터넷(IoT)[24], 빅데이터(Big Data)[25],

---

21) 김갑수,『친절한 과학사전 정보편』, 문화유람, 2017

22) 드론은 조종사가 탑승하지 않고 무선전파 유도에 의해 비행과 조종이 가능한 비행기나 헬리콥터 모양의 무인기를 뜻한다. '드론'은 '낮게 웅웅거리는 소리'를 뜻하는 단어로 벌이 날아다니며 웅웅대는 소리에 착안에 붙여진 이름이다. 드론은 애초 군사용으로 탄생했지만 이제는 고공영상·사진 촬영과 배달, 기상정보 수집, 농약 살포 등 다양한 분야에서 활용되고 있다.(다음백과, 100.daum.net/encyclopedia)

23) 로봇이란 인간과 유사한 모습과 기능을 가진 기계 또는 한 개의 컴퓨터 프로그램으로 작동할 수 있고, 자동적으로 복잡한 일련의 작업을 수행하는 기계적 장치를 말한다. 또한 제조공장에서 조립, 용접, 핸들링 등을 수행하는 자동화된 로봇을 산업용 로봇이라 하고, 환경을 인식하고 스스로 판단하는 기능을 가진 로봇을 '지능형 로봇'이라 부른다. 사람과 닮은 모습을 한 로봇을 '안드로이드'라 부르기도 한다. 그리고 다른 뜻은 형태가 있으며, 자신이 생각할 수 있는 능력을 가진 기계라고도 한다. 그리고 인공의 동력을 사용하는 로봇은 사람 대신, 또는 사람과 함께 일을 하기도 한다.(위키백과, www.wikipedia.org)

24) 사물인터넷(Internet of Things)이란 스마트폰, PC를 넘어 자동차, 냉장고, 세탁기, 시계 등 모든 사물이 인터넷에 연결되는 것을 사물인터넷(Internet of Things)이라고 한다. 이 기술을 이용하면 각종 기기에 통신, 센서 기능을 장착해 스스로 데이터를 주고 받고 이를 처리해 자동으로 구동하는 것이 가능해진다. 교통상황, 주변 상황을 실시간으로 확인해 무인 주행이 가능한 자동차나 집 밖에서 스마트폰으로 조정할 수 있는 가전제품이 대표적이다. (우리말샘, opendict.korean.go.kr)

25) 빅데이터란 기존의 방식으로는 수집·저장·검색·분석 등을 수행하기가 어려울 만큼 정보의 홍수시대에 밀려드는 방대한 양의 데이터들을 말한다.(우리말샘, opendict. korean.go.kr)

가상현실(假想現實, VR)[26]과 증강현실(增強現實, AR)[27], 인공지능(AI)[28], 유전자
가위[29], 3D프린터[30]를 넘어서 진동, 온도, 습도, 중력, 공기에 따라 변형될
수 있는 4D프린팅[31], 태양에너지를 저장할 수 있는 에너지저장시스템
(ESS)[32], 날아다니는 자동차와 에어택시(Air Taxi)[33], 자율주행자동차(自律走行

---

26) 가상현실(Virtual Reality)은 어떤 특정한 환경이나 상황을 컴퓨터 시스템을 이용하여 실제
와 똑같이 느낄 수 있도록 만든 것을 말한다. 항공기의 조종법 훈련, 수술 실습, 가구의 배치 등
에 이용되고 있다.(김갑수, 앞의 책, 2017)

27) 증강현실(Augmented Reality)이란 현재 실제로 존재하는 사물이나 환경에 가상의 사물이
나 환경을 덧입혀서, 마치 실제로 존재하는 것처럼 보여 주는 컴퓨터 그래픽 기술로 조성된 현
실을 말한다.(김갑수, 위의 책, 2017)

28) 인공지능(Artificial Intelligence)은 인간의 지능이 가지는 인식, 판단, 추리, 적응, 논증, 학
습, 문제 해결 등의 기능을 갖춘 컴퓨터 시스템을 말한다. 자연 언어의 이해, 음성 번역, 로봇 공
학, 인공 시각, 문제 해결, 학습과 지식 획득, 인지 과학 등에 응용되고 있다.(우리말샘, open-
dict.korean.go.kr)

29) 유전자 가위란 유전자의 특정 부위를 절단해 유전체 교정을 가능하게 하는 인공 제한효소
로, 현재에. 유전자를 잘라내고 새로 바꾸는 데 최장 수년씩 걸리던 것을 며칠로 줄일 수 있으며
여러 군데의 유전자를 동시에 바꿀 수도 있어 유전질환 등을 치료할 대안으로 주목받고 있다.
그러나 일각에서는 맞춤형 아기 탄생과 같은 윤리적 문제에 대한 우려를 제기되고 있다.(『에듀
월 시사상식』, 에듀윌 상식연구소, 2020)

30) 입체적인 물건을 3차원으로 인쇄하는 프린터를 말한다. 최근에는 자동차나 비행기, 자전거
등까지 만들어 내고 있다. 인체에 필요한 인공 관절이나 뼈를 만들어내기도 한다.(천재상식백과
시사용어, www.chunjae.co.kr)

31) 1차원 선이 물 속에서 3차원 정육면체로 변하는 것과 같이 4D 프린터로 찍어낸 물체는 인
간의 개입 없이 열이나 진동, 중력, 공기 등 다양한 환경이나 에너지원에 자극 받아 다른 모양으
로 변하는 것을 말한다.(강종석, 「물리산책」, 『과학동아』, 동아일보사, 2015)

32) 에너지저장시스템(Energy Storage System)은 에너지를 효율적으로 사용할 수 있도록 저
장·관리하는 시스템. ESS는 발전소, 송배전시설, 가정, 공장, 기업 등에서 활용된다. 예를 들자
면 가정에 주로 지붕에 설치되는 태양광 모듈, 데이터센터의 무정전 전원 장치(UPS)용 ESS는
쓰고 남은 전력을 저장해 두었다가 수요가 많은 시간대나 전기료가 비싼 시간대에 저장된 전력
을 사용함으로써, 정전 피해를 최소화하고 전력요금을 절약할 수 있다. 또, 발전소에서는 태양
광, 풍력, 수력 등과 같이 불규칙적으로 생산되는 신재생 에너지를 저장·관리하여 신재생 에너
지의 이용 효율을 높일 수는 것이다.(정보통신용어사전, terms.tta.or.kr)

33) 공항을 사용해야만 했던 시대를 벗어나 머지않아 교통체증이 심각한 도시에서 신속한 출퇴
근을 위해 빌딩의 옥상들을 이용하여 도시와 도시를 잇는 무인 '에어 택시'를 개인적으로 손쉽게
이용할 수 있을 것으로 전망하고 있다. 이것은 지상에서 공중으로 대중이 이동하는 교통 체계에
일대 혁신이 이루어질 것으로 보고 있다.(KISTI메일진과학향기, 『과학향기』, 북로드, 2004)

自動車)[34], 바이오공장(Biofactory)[35], 바이오메디슨(Biomedicine)[36], 공유경제(共有經濟)[37], 나노기술(Nano Technology)[38], 자동차를 집으로 이용되는 작은 집 등이 나타나고 있다.[39]

우리나라에서도 이세돌과 AI가 바둑을 두었는데 구글의 바둑 프로그램인 알파고(AlphaGo)가 이겼으며, IBM의 의료분야 프로그램인 왓슨(Watson)이 가천의대병원과 협진을 하고 있다. 그리고 더 나아가 현실 세계를 가상의 공간에서 구현해주는 메타버스(Metaverse)의 세계가 사회·경제적 활동까지 확장되고 있다.

---

34) 자율주행자동차(Autonomous Vehicles)는 운전자가 운전하지 않거나 운자가가 없이 IT 기기로 도로를 달리는 자동차로, 여러 가지 센서로 실외 환경 변화를 극복하고, 장애물을 피하면서 원하는 목적지까지 스스로 경로를 파악하여 이동할 수 있는 자동차를 말한다.(TTA정보통신용어사전, terms.tta.or.kr)

35) 세포의 유전자를 조작하여 원하는 화합물을 대량으로 생산하도록 만드는 미생물 기반의 생산시스템을 말하며 세포공장이라고도 부른다.(과학기술용어사전, toparadic. tistory.com)

36) 생체의학 혹은 생물의학. 의학사전 등에 따르면 의학연구나 의료활동을 위하여 생물학의 원리를 이용하는 학문 또는 생물학이나 생리학 등을 임상의학에 응용하는 학문을 말한다. 예를 들면 신약이나 의약적 효용이 있는 신물질 개발, 줄기세포를 이용한 대체 장기 개발 등을 말한다. 인간 게놈 프로젝트와 줄기세포 연구 등 바이오 연구 성과를 가장 극적으로 이용할 수 있는 산업 분야로 의료 분야가 떠오르면서 국내외에서 주목을 받고 있다.(부산일보, www.busan.com)

37) 공유경제란 '물건을 소유하는 개념이 아닌 서로 빌려 쓰는 경제활동'이라는 의미로 2008년 로렌스 레식(Lawrence Lessig) 하버드대 교수가 처음 사용했다. 자신이 소유한 기술 또는 재산을 다른 사람과 공유함으로써 새로운 가치를 창출하는 '협력적 소비'를 기반으로 하고 있는 것으로 이와 관련된 기업으로는 자신의 방, 빈집, 별장 등을 임대할 수 있게 연결해 주는 숙박 공유 업체인 에어비앤비(Airbnb), 카셰어링 업체인 집카(Zipcar), 한옥 공유 서비스 기업인 코자자(Kozaza) 등이 있다.(매일시사용어사전, www.mk.co.kr)

38) 나노기술이란 나노미터 정도로 아주 작은 크기의 소자를 만들고 제어하는 기술로 분자와 원자를 다루는 초미세 기술이다. 나노(nano)란 10억분의 1을 나타내는 단위로, 고대 그리스에서 난쟁이를 뜻하는 나노스(nanos)란 말에서 유래되었다. 1나노미터(nm)라고 하면 10억분의 1m의 길이, 즉 머리카락의 1만분의 1의 초미세 세계가 된다. 원자 3~4개가 들어갈 정도의 크기다. 한편 나노바이오 기술이란 나노기술과 생명공학 기술이 접합된 형태의 기술 분야를 말한다. DNA 칩, 단백질 칩, 초소형 바이오센서 개발과 적용에 핵심적인분야로 꼽히고 있다.(에듀윌 상식연구소, 앞의 책, 2020)

39) 미래전략정책연구원, 『10년후 4차산업혁명의 미래』, 일상이상, 2017.

▲ 가상현실(아시아경제)

② 코로나19로 인한 대전환기의 급격한 도래

맬더스는 『인구론』에서 인류의 역사는 전쟁, 기아, 자연재해, 질병 등을 통해서 자연적으로 인구조절을 해왔다고 보고 있다. 재레드 다이아몬드는 인류의 역사에서 그들의 운명을 바꾸어 왔던 중요한 요소들을 총(銃), 균(菌), 쇠(鐵)라고 보았다.[40] 이중에서도 병균에 대하여 윌리엄 맥닐은 "인류가 출현하기 전부터 전염병은 앞으로도 인류의 운명과 함께 할 것이며, 지금까지 그렇듯이 앞으로도 인간의 역사에 근본적인 영향을 끼치는 매개변수이자 결정요인으로 작용할 것이다"라고 말하고 있다.[41]

인류역사에 등장하는 세계적인 팬데믹(Pandemic)은 몽골제국의 침공에 의해 발생한 흑사병으로 1347년에 시작하여 1700년대까지 100여 차례나 발생하면서으로 그 당시 유럽인구의 약 30%인 약 2,500만 명이 희생되었다.

---

40) 재레드 다이아몬드 지음, 김진준 옮김, 『총, 균, 쇠』, 문학사상사, 2005.
41) 윌리엄 맥닐 지음, 김우영 옮김, 『전염병의 세계사』, 이산, 2005.

1519년 남아메리카에서는 스페인 국왕이 파견한 코르테스 군대가 아스텍 땅에 도착하면서 천연두 바이러스는 원주민을 감염시켰는데, 원주민들은 천연두에 대한 면역력이 전혀 없기 때문에 2년 동안 30만 명이었던 수도 테노치티틀란은 16만 명이 죽었다. 그리고 3천만 명이었던 아즈텍의 인구가 30년 후에는 3백만 명이 되었다. 스페인은 멕시코를 비롯한 중남미 여러나라를 정복하는 과정에서 천연두에 걸린 시체를 이용하였다. 그로 인하여 중남미 인구의 90~95%가 사망하게 되었다.

  1918년에 발생한 스페인독감으로 인도 1250만, 미국 55만 등으로 2000만 명이 사망하였으며, 1968년 발생한 홍콩독감은 1969년까지 세계적으로 1백만 명 이상이 사망하였다. 2002년 발생한 사스는 중국 349명, 홍콩 299명 등이 사망하였고, 2012년 발생한 메르스는 아라비아에서 400명이 사망하였다.

  코로나19는 2019년 12월에 발생하여 2021년 1월에 1억 명, 8월에 2억

▲ 코로나19 무한사태(연합뉴스)

명이 감염되었으며, 10월까지 500만 명이 사망한 세계적인 팬데믹(Pan-demic)으로 현재 오미크론과 같은 새로운 변종들이 계속해서 나타나게 되면서 앞으로도 끝나지 않을 것이기에 포스트 코로나이후에 일어날 사회적 변화의 대전환을 살펴보면 다음과 같다.

거리두기가 고착화되면서 인구가 밀집되는 백화점, 영화관, 찜질방, 노래방, 스포츠센터, 식당, 술집, 카페 등이 폐쇄되고 골프, 등산 등 야외스포츠가 활성화되고 있다. 인구가 밀집된 도심을 탈출하여 시골로 이사를 가기 시작한다.

언택트(Untact)[42] 기반의 소비문화로 전환되면서 온라인 주문과 택배 등이 늘게 되었고, 재택근무로 인하여 사무실 기능을 보완하여 집안에 갇혀 있다는 생각에서 벗어나 영화감상, 운동, 요리 등을 즐길 수 있는 나만의 안전한 공간이 되는 집이 유행하게 되고 1인 가구가 많아지면서 애완동물 문화가 더 커지게 된다.

원격근무[43], 재택근무[44] 등이 늘어나면서 언택트의 화상회의[45] 등이 급부상하게 된다. 그로 인하여 형식보다는 내용을 우선으로 하는 소통이 정착

---

42) 언택트는 un-contact의 줄임말로 사람과 사람이 직접 만나지 않고 서비스나 상품의 제공 과정에서 무인기술이나 인공지능, 로봇배송과 같은 첨단 기술과 기기가 개입하여 직접적인 대면이 없이 물품이나 서비스를 받는 것을 말한다.(김난도 외, 『트렌드 코리아 2018』, 미래의 창, 2017)

43) 원격 근무(telecommuting)이란 정보 기술(IT)를 활용해 원격지에서 장소에 구애받지 않고 언제 어디서나 업무를 수행하는 새로운 근무 방식을 뜻한다. 원격 근무자를 '홈 워커(home worker)'라고도 한다. 최근에는 IT환경이 발전함에 따라 확대된 개념인 U-워크라고도 부른다.(위키백과, www.wikipedia.org)

44) 회사의 사무실로 통근하지 아니하고 자기집에서 회사의 통신 회선으로 연결된 정보 통신 기기를 설치해 놓고 근무하는 것을 말한다.(우리말샘, opendict.korean.go.kr)

45) 지리적으로 멀리 떨어진 여러 회의실에서 각각 텔레비전 카메라, 모니터, 마이크, 스피커 등을 갖추고, 이들을 통신 회선으로 연결하여 한 곳의 상황이 화상 및 음향 정보로 다른 회의실로 전달되는 줌(Zum)과 같은 회의 방식을 말한다.(TTA정보통신용어사전, terms.tta.or.kr)

될 것이다. 자동차가 생활화되고 경제격차는 더 벌어지게 된다. 사람들이 몰리는 대중교통의 이용이 감소하여 교통체증이 증가하게 된다. 자율주행(自律走行) 시스템을 갖춘 자동차들과 태양열(太陽熱)로 충전되는 전기차(電氣車)[46]가 늘어나게 된다.

사람들이 몰려들었던 대형 콘서트, 줄서는 행위, 전통적인 장례식과 결혼식 등이 사라지게 되고 중매, 연애 등 결혼산업은 인공지능(AI)이 대체하게 된다. 여러사람이 몰려다녔던 단체여행이 사라지면서 여행사, 관광청이 소멸되고 인공지능(AI)이 소규모의 맞춤여행을 추천하게 된다. 더구나 해외여행을 하지 않아도 마치 현지에 간 것처럼 느끼게 해주는 스마트 기기(Smart Devices)[47]들이 나오게 되어 굳이 여행을 가지 않게 된다.

디지털 경제(Digital Economy)[48]가 늘어나면서 핀테크(Fintech)[49], 무인점포가 증가될 것이다. 특히 증강현실이 대중화되면서 스마트폰(Smart Phone)의 온라인을 통해 실시간으로 상품의 정보를 볼 수 있게 되어 온라인을 통해 상품을 구매하고 판매하는 시대가 온다. 자기가 원하는 옷을 터치하면 직

---

46) 환경오염을 유발하는 화석연료인 휘발유, 경유 등 석유 제품을 사용하지 않고 전기를 동력으로 구동시키는 자동차를 말한다. 전세계적으로 이미 양산 단계에 이르러 빠른 속도로 확산되고 있으며, 향후 미래의 자동차로 자리매김할 것이 분명해 보인다.(손병문·강한기, 『호모 케미쿠스』, 알에이치코리아, 2015)

47) 스마트 기기는 기존에 가지고 있는 정보 기기의 기능 이외에 언제 어디서나 무선 통신으로 인터넷 접속이 쉽고, 휴대하기 간편하며, 음성이나 화상 통신을 할 수 있는 정보 기기이다. 스마트폰(Smart Phone), 스마트패드(Smart pad), 스마트 TV(Smart TV) 등이 있다.(다음백과, 100.daum.net)

48) 인터넷을 주요 기반으로 하는 사업인 전자상거래나 인터넷 쇼핑몰, 검색 서비스 등을 말한다. 이러한 사업들은 디지털 기술의 발달로 세계적인 네트워크를 통해 생산과 소비, 유통의 새로운 질서를 확보함으로써 시·공간을 뛰어넘는 새로운 경제 패러다임으로 확산되고 있다.(다음백과, 100.daum.net)

49) 금융을 뜻하는 '파이낸셜(Financial)'과 '기술(Technique)'의 합성어로, 모바일을 통한 결제·송금·자산관리·크라우드 펀딩 등 금융과 IT가 융합된 산업을 말한다.(시사상식연구소, 『일반상식』, 시대고시기획, 2014)

접 착용한 모습을 볼 수 있게 된다.

교육도 온라인 교육[50]의 기술이 발전하면서 더 이상 전의 대면수업으로 돌아가지 않을 것이다. 대형교회가 몰락하고 탈 종교화가 가속될 것이다. 세계의 모든 산업은 보건, 위생, 헬스케어. 의료 등이 직간접으로 연결되면서 위생이 강화되어 질병이 줄고 평균수명이 더 늘어나게 될 것이다.[51]

뉴노멀시대(New Normal Era)[52]가 열리면서 이전까지는 비정상이라고 여겨졌던 것들이 정상적인 현상으로 변화하게 되었다. 그러므로 개인, 사회, 기업, 국가 등은 기존의 고정관념을 버리고 새로운 패러다임(Paradigm)에 적응해 나가야 하며 더 나아가 혁신적 사고를 가지고 대처해 나가지 않게 되면 도태되거나 사멸하고 말 것이다.

---

50) 온라인을 통한 교육으로 전통적인 교육의 장과 비교할 때 학습공간과 학습경험이 보다 확대되고, 학습자 주도성이 강화될 수 있는 교육으로 정보통신기술을 활용하여 언제, 어디서, 누구나 원하는 수준별 맞춤형 학습을 할 수 있어 교육의 기회가 확대되고 있다..(위키백과, www.wikipedia.org)

51) 박영숙·제롬 글렌 공저, 『세계미래보고서 2035~2055 포스트 코로나시대』, 교보문고, 2020.

52) 뉴노멀이란 시대 변화에 따라 새롭게 떠오르는 기준, 표준을 뜻하는 말이다.(우리말샘, opendict.korean.go.kr)

7. 신인류의 등장과 선도(仙道)의 미래

① 동서양 사상과 현대물리학

서양철학은 탈레스의 자연철학에서 시작하여 소크라테스, 플라톤를 거쳐 아리스토텔레스에 와서는 형이하학적인 현상계에 관심이 몰리게 되었다. 의학을 보더라도 심장의 피(血)를 중심으로 외과적인 수술 방법이 발달되게 되었다. 그러나 동양의학은 보이지 않는 기(氣)를 중심으로 침, 뜸으로 발전하게 되었다.

과학도 현상계를 탐구하기 시작하여 뉴턴의 고전물리학(古典物理學)을 바탕으로 빛나는 업적을 이루게 되었다. 그러나 동양에서의 물리(物理)란 격물치지(格物致知)를 일컫는 것으로 우주의 근본을 탐구하였던 것으로 흔히 이치를 깨달은 사람에게 '물리가 텄다'라고 말한다.

미국의 케네디 대통령은 소련이 최초의 인공위성을 띄워 가가린을 우주로 내보내자, 그들을 따라잡기 위하여 아폴로계획을 세우고 각 대학에서 이과, 공과분야의 교과과정에서 인문과목을 줄이고 전공과목을 확대하여 달나라에 암스트롱이 인류 최초로 발을 내디뎠다. 그러나 NASA의 과학자들이 인문학적인 상상력이 고갈되는 위기를 맞게 되자 교과과정을 개편하고 인문과목을 대폭 늘리게 되었던 것이다.

아인슈타인으로 대변되는 현대물리학(現代物理學)은 새로운 미지의 세계를 탐구하게 되었고 더 나아가 양자역학(量子力學)은 생각지도 못한 것들을 우리에게 제시하고 있다. 이것들은 대부분 동양사상에서는 이미 언급된 것들로 지금까지 동양인들을 무시해오던 오리엔탈리즘(Orientalism)[53]으로 무장

---

53) Edward W Said 지음, 박홍규 옮김, 『오리엔탈리즘』, 교보문고, 2015.

된 서양 지식인들에게는 충격이 아닐 수 없다. 물리학은 수학을 바탕으로 하고 있으며 최고의 수학으로 여겨지는 위상수학(Ttopology) 또한 동양적 사고인 도(道)에 가까운 사고를 바탕으로 하고 있다. 그러나 서양인들은 도에 대한 정확한 개념뿐만 아니라 언어 자체도 없는 실정이다.

칼 융(Carl Jung)은 집단무의식(集團無意識)[54]을 주장하면서 이것은 우주 속에 에너지 형태로 저장되어 있는 모든 인류의 역사를 기억한다고 보았다. 이것은 인도에서 말하는 아카샤장과 같은 개념이다. 아카샤장(Akashic Field)[55]은 우주의 모든 일들이 기억, 저장되어 있으며 모든 존재의 바탕이 되는 것으로 허공, 우주의 하늘로 제5원소라고도 부른다.

현재 물리학에서 발견한 힉스입자는 우주를 이루는 17개 입자의 하나로 '신의 입자'[56]라고도 부르고 있는데 양자진공이 일어나면 아무리 멀리 떨어져 있다고 해도 형태발생장(Morphogenetic Fields)[57] 안에서 행태공명이 동시에 일어나게 된다. 즉 인간이 형태발생장에서 아카샤장과 접속하게 되면 우주와 공명하고 교감하면서 과거 조상들의 영적 상태를 끌고 올수 있게 되는 것이다. 그로 인하여 우주의 모든 것과 연결되면서 유기체적인 힘을 공급받게 되는데 이것을 왕양명의 일기유통(一氣流通)이라고 부르고 있다. 이것을 우리조상들은 천지인이 하나가 되는 천인합일(天人合一)로 통칭해 왔다. 그중에서도 항상 아카샤장과 접속되어 있는 영적 온라인 상태

54) 칼 구스타프 융·캘빈 S. 홀 지음, 이현성 옮김, 『칼 구스타프 융』, 스타북스, 2020.
55) 에르빈 라슬로 지음, 변경옥 옮김, 『과학 우주에 마법을 걸다』, 생각의 나무, 2007.
56) 양성자가 충돌할 때 10의 25승 분의 1초 정도 존재했다가 사라지는 '힉스입자'가 우주를 이루고 있는 최후의 입자이다. 우주의 모든 것을 창조한 입자들을 모아놓은 파인만의 표준모형의 마지막 빈자리를 힉스입자가 채워준 것이다. '힉스입자'가 조물주의 원료인 '신의 입자'로 불리는 이유는 힉스입자가 다른 기본입자에게 질량을 부여하는 역할을 하기 때문인데, 이런 역할 때문에 무에서 유를 창조했던 신의 입자라고 불린다.(사이언티픽아메리칸편집부, 김일선 옮김, 『힉스-신의 입자를 찾아서』, 한림출판사, 2018)
57) 루퍼트 셸드레이크 지음, 하창수 옮김, 『과학의 망상』, 김영사, 2016.

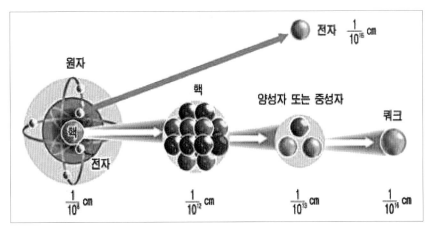

▲ 물질의 근본이 되는 소립자(blog.daum.net/hepysseal)

를 유지해 온 사람들을 선지자(先知者), 군자(君子), 선인(仙人)이라고 불렸다.

인간이 아카샤장과 접속할 수 있는 것은 의식을 통해서이다. 이것은 뇌에서 일어나는 전기신호인 뇌파라는 파동의 양자적 행동에 의해서 우주의 의식체계인 아카샤장과 접속하게 되고 그것을 통해서 우주에 저장되어 있는 조상들의 기억을 전달받고 교환할 수 있게 된다.

이러한 의식작용은 인간만이 가질 수 있는 특징이기에 만물의 영장이라고 부르게 되며 인류에게도 호모사피언스사이언스 단계에 와서야 비로소 발전하였다. 의식이 동물에게도 있다고 하지만 동물은 단순한 1차의식인 공간의식(空間意識)을 가질 수 있으며, 인간에게는 고차의식인 시간의식(時間意識)을 지니고 있는 것이 특징이다. 이것으로 인하여 인간은 시간적 순차성을 지닌 언어(言語)를 가지게 되었으며 그것을 바탕으로 기억이 증가하게 되었다. 이것은 과거를 바탕으로 미래의 행동을 결정할 수 있는 존재가 되었을 뿐만 아니라 동물이 자기의 영역 밖을 나가지 못하는데 비해 인간은 자기 있는 곳을 떠나 더 먼 곳을 여행할 수 있게 되었다. 더 나아가 인간은 깨달음의 수행을 통해서 의식너머의 초월의식을 가질 수 있는 놀라운 능력이

있는 것이다.[58]

② 의식혁명의 필요성

호킨스 박사는 인간의 의식을 수치로 환산하여 보여 주었다. 그가 제시한 0~1000까지의 의식수준의 도표에 의하면 인류는 예수의 출현을 기점으로 그 이전의 세계는 200이 15%였는데 그가 출현한 이후부터는 200이 85%로 발전하게 되었다고 한다. 그가 용기를 지표로 하는 200을 중요시여기는 것은 이때부터 신과 접속할 수 있기 때문이라고 보았다. 그가 제시한 인간의식의 전환점의 지표는 200과 500으로, 용기를 지표로 하는 200이 되면 남에게로 퍼붓던 비난을 멈추고 자신의 행동, 느낌, 신념에 대한 책임을 수용하려는 자발성이 생겨난다고 한다. 그리고 사랑을 지표로 하는 500이 되면 모든 것에 대해 무조건적으로 친절을 베풀고 시비분별을 하지 않으며 용서하고 사랑하게 된다고 하였다. 그런데 인간의식에 있어서 이성을 지표로 하는 400을 뛰어넘는 것은 엄청난 장벽으로 그것을 극복하기 위한 영적투쟁은 가장 일반적이며 가장 긴 것이라

의식의 밝기	의식수준	감정	행동
700~1000	깨달음	언어이전	순수의식
600	평 화	하나	인류공헌
540	기 쁨	감사	축복
500	사 랑	존경	공존
400	이 성	이해	통찰력
350	포 용	책임감	용서
310	자발성	낙관	친절
250	중 립	신뢰	유연함
200	용 기	긍정	힘을 주는
175	자존심	경멸	과장
150	분 노	미움	공격
125	욕 망	갈망	집착
100	두려움	근심	회피
75	슬 픔	후회	낙담
50	무기력	절망	포기
30	죄의식	비난	학대
20	수치심	굴욕	잔인함

▲ 의식의 수준표(호킨스)

58) 박문호, 『뇌 생각의 출현』, 휴머니스트, 2008.

고 보고 있다.[59]

의식수준이 높은 사람은 주변을 감화시키게 되는데 BC 8~BC 3세기는 중국에는 공자의 유교와 노자의 도교, 인도의 힌두교와 부처의 불교, 이스라엘에는 유일신교인 유태교의 예레미야, 그리스에는 소크라테스의 철학 등 세계의 주요 종교와 철학이 탄생한 인류사의 가장 경이로운 시기이다. 칼 야스퍼스(Karl Jaspers)는 이 시기를 '축의 시대(Achsenzeit)'[60]라고 부르고 있다. 1000에 가까운 인물들인 예수, 부처, 공자, 노자, 소크라테스 등의 교화력이 현재까지도 미치고 있는 것을 지적하고 있다. 그런데 의식수준이 700이상 되면 한 국가를 교화시킬 수 있다고 한다.

인간은 의식 수준을 향상시키기 위하여 배움과 학습을 통해 자신의 고질적인 문제를 개선해 나가고자 하였던 것이다. 이것을 『대학(大學)』에서는 명명덕(明明德)이라고 하며 공자도 『논어(論語)』의 첫머리를 「학이편(學而編)」을 두었다. 우리나라에서는 어릴 때에 『소학(小學)』을, 크며는 『대학(大學)』을 가르쳤는데 소학은 인간의 되는 기본 소양, 대학은 우주의 이치를 깨닫게 하는 것으로 그것은 격물치지(格物致知)를 통해서 사물의 이치를 궁구하여 진리를 알게 되는 것을 말한다.

인류의 역사는 어두운 면이 너무 많다. 기독교의 예를 들자면 아브라함 985 수준, 모세시대 770 수준, 예수는 1000 수준, 2세기는 930 수준, 6세기는 540 수준, 11세기 십자군 전쟁 때는 498 수준이다. 불교의 부처는 1000 수준이고, 이슬람의 모하멧은 740 수준이지만, IS와 같은 극단적인 원리주의집단은 125 수준으로 추락하고 있다.

우리의 민족성을 보면 환웅, 단군으로부터 삼국시대까지도 상위수준이

---

59) 데이비드 호킨스 지음, 백영미 옮김, 『의식혁명』, 판미동, 2011.
60) 카렌 암스트롱 지음, 정영목 옮김, 『축의 시대』, 요양인, 2010.

었지만 신라가 통일하면서 하락하게 되고 고려의 무신정권에는 더욱 하락하게 되었으며 조선시대 초기 세종 당시에는 약간 올라가는 듯하지만 임진왜란, 병자호란 이후는 계속 하락하면서 일제강점기와 해방전후에는 수준이 매우 낮아져 버렸다. 박정희 대통령의 경제개발로 세계 10위의 경제대국이 되긴 하였지만 부동산투기와 부정을 통해 축적된 부를 과시하는 집단들의 저열한 의식수준으로 선진국의 문턱에도 들어가지 못하고 있다. 이러한 현상을 극명하게 보여주는 것이 중국이다.

우리 민족은 IMF 금융위기, 서산기름유출사건 등과 같이 늘 위기 속에서도 그것을 극복해왔던 민족이다. 로렌츠가 말한 '나비효과'는 브라질 아마존의 작은나비의 날개짓이 미대륙에 토네이도를 일으킨다고 하였다. 코로나19 또한 중국 무한시의 수산시장에서 시작하여 전세계적인 펜데믹 현상을 일으키고 있다.

인류는 문명의 붕괴와 같은 공포를 주고 있는 전환기를 맞아 이것을 극복해서는 시소와 같이 의식이 높은 사람들이 뭉쳐서 나비효과를 불러일으켜야 한다. 예수는 겨자씨와 밀알의 비유를 들어서 이러한 사실을 역설하고 있다.

역사에는 미미한 현상이 폭발적으로 확대되는 시점인 티핑 포인트(Tiping Point)가 존재하고 있다. 예를 들면 징기스칸이 보낸 사신을 죽인 호라즘 사건으로 유럽정벌이 촉발되었고 오스트리아 황태자를 저격한 사라예보사건이 1차세계대전을 촉발시킨 것과 같다. 이것은 물이 100℃가 되어야 끓는 것과 같이 갑자기 뒤집히는 시점을 말한다.

이러한 티핑 포인트의 특징은 첫째로 소수의 법칙이 있는데 종이접기를 하게 되면 등비수열로 나가게 된다. 즉 1번 접으면 2겹, 3번 접으면 8겹, 6번은 64겹, 9번은 512겹, 12번은 4096겹이 된다. 또 종이를 50번 접으면 그 두께가 1억 5763km가 되는데 이것은 지구에서 태양까지의 거리인 1억 5천km를 넘는다. 사회적 현상으로 보면 대부분 20%의 범죄자나 난폭운전자들이 전체를 바꾸어 버리고 있다. 우리나라에서는 일제강점기에 무오독립, 2.8독립을 거쳐 33인이 일으킨 3.1운동이 100만 명이 참가하는 만세운동으로 퍼져나갔던 것을 볼 수 있다. 소수의 조건의 촉발자들은 인간중개인으로 인간관계가 좋은 인간케넥터여야 하며, 지식중개인으로 전문가(Maven)여야 한다는 조건이 전제되어 있다. 마치 종교개혁을 일으킨 마틴 루터, 죤 캘빈과 같이 말이다.

둘째로 고착성의 법칙이다. 이들이 던지는 어떤 메시지는 임팩트가 강렬해야 하며 사람들의 머릿속에 박혀야 한다. 예수와 같이 그 시대를 장악하고 있었던 유대교의 제사장, 바리새인들을 질타하고, 그들이 하나님의 길에서 멀어져 있음을 폭력이 아니라 강렬한 메시지로 당시 사람들의 폐부를 찌르고 있는 것이다.

셋째는 상황의 힘 법칙이다. 예를 들면 '깨진 유리창의 법칙'과 같이 깨진 유리창을 가진 빌딩이 즐비했던 뉴욕이 범죄의 도시로 전락하자 새로 뽑힌 뉴욕시장이 지하철의 낙서를 지우면서 범죄율이 떨어지게 되었다. 이것은 인간은 더러운 곳에서는 아무 생각없이 침, 휴지를 버리지만 깨끗한 곳에는 침, 휴지를 버릴 수 없는 심리가 있는 것이다. 즉 환경을 깨끗이 해주면 잠재적 범죄의식이 사라지게 된다. 사회 곳곳에 의식 수준이 높아져 정의가 되살아나게 되면 부패한 정치인들을 발을 붙이기 어려우며 정치, 경제, 사회가 맑고 깨끗한 정의로운 사회로 탈바꿈하게 된다.

③ 신인류의 출현과 홍익인간, 재세이화의 실현

인류가 펼쳐온 여러 사상과 종교들은 오랜 시간을 거치면서 실현되어왔으나 현재는 그 한계를 드러내고 있다. 이는 더 이상 어떠한 처방이 듣지 않을 것이라고 하는 문명의 붕괴 직전의 공포감과 더불어 이제는 코로나19의 펜데믹으로 인하여 유럽의 중세사회를 붕괴시켰던 페스트 이상의 충격을 전세계에 던져 주고 있다.

높은 의식수준의 사람의 영향력을 비교해보면

깨달음 700의 1명은 200이하의 7천만 명과 같다.

평화 600의 1명은 200이하의 1천만 명과 같다.

사랑 500의 1명은 200이하의 75만 명과 같다.

이성 400의 1명은 200이하의 40만 명과 같다.

자발성 300의 1명은 200이하의 9만 명과 같다.

그런데 1,000 수준의 화신 1명은 700 수준의 12명과 동등하다. 예를 들면 마하트마 간디는 700 수준의 보편적 원리를 표현함으로써 국민들의 의지를 일치시켜, 그 당시 지구의 3분의 2를 지배하고 있었던 해가 지지 않는 대영제국을 무릎 꿇게 하였다. 이와 같이 매우 높은 의식에 오른 사람은 그 개인이 가진 큰 힘으로 강력한 끌개장을 형성하면서 전 인류에게 광범위한 함의를 갖는 새로운 패러다임을 창조하게 된다.

인류의 역사는 여러 세기 동안 위태로운 190 수준에 머물러지만, 1980년대 중반 갑자기 희망적 수준인 207로 뛰어올랐다. 현재 세계인구의 15%만이 임계 의식 수준인 200으로, 이러한 소수집단이 나머지 세계인구의 85%의 부정성을 상쇄하는 무게를 가지고 있다. 이러한 상쇄작용이 없다면 인류는 스스로 자멸하고 말았을 것이다.

우리 민족의 역사를 보면 『산해경(山海經)』 9권, 해외동경(海外東經)에 "군자국은 그 북쪽에 있는데, 의관을 하고 칼을 허리에 찬다. 짐승을 잡아 먹으며 두 마리의 큰 호랑이를 그 곁에 두어 부리고 있다. 그 사람들은 서로 양

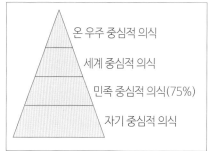

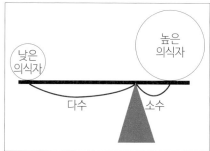

인간 의식수준의 단계   의식수준의 모멘텀

보하기를 좋아하여 싸우지 않는다.”고 하였다.[61]

『설문해자(說文解字)』권10, 대부(大部), 이(夷)조에 “이(夷)는 동방(東方) 사람이다. 큰 대(大)자와 활 궁(弓)자를 합한 것이다.”[62]라 하였고, 권4, 양부(羊部) 강(羌)조 “강은 서융으로 양을 키우는 사람이다. 사람 인과 양 양의 합한 자이다. 남방의 만민은 벌레이며, 북방은 적으로 개이다. 동방은 맥(貊)으로 치(豸)이다. 서방 강은 양이다. 이것이 여섯가지 종류이다. 서남은 북인, 초요로 사람이다. 모두 곤지에 있다. 성품이 순리에 따르지 못한다. 오로지 동이(東夷)는 큰 대로 대인(大人)이다. 이의 습속인 어질고(仁) 어진 이는 장수한다. 군자가 죽지 않는 나라(君子不死之國)가 있다. 공자(孔子)가 가라사대 ‘도가 행해지지 않으면 바다에 뗏목을 띄워 그것을 타고 구이(九夷)에 가고자 한다.”고 하였는데, 연유가 있는 말이다.[63]

『후한서(後漢書)』열전, 권85, 동이열전(東夷列傳)에는 “동쪽에 오래된 나라

61) 君子國在其北, 衣冠帶劍, 食獸, 使二大虎在旁, 其人好讓不爭.(『山海經』9卷, 海外東經)

62) 夷, 東方之人也. 从大从弓.(허신 지음, 단옥재 주, 금하연·오채금 옮김, 『한한대역 단옥재주 설문해자』제1권, 자유문고, 2016)

63) 羌, 西戎牧羊人也. 从人从羊, 羊亦聲. 南方蠻閩从虫, 北方狄从犬, 東方貉从豸, 西方羌从羊, 此六種也. 西南僰人僬僥从人, 蓋在坤地頗有順理之性. 唯東夷从大, 大人也. 夷俗仁, 仁者壽, 有君子不死之國. 孔子曰道不行, 欲之九夷, 乘桴浮於海, 有以也.(허신, 윗책, 2016)

가 있으니 동이(東夷)라 부른다. 그 나라는 비록 크나 스스로 교만하지 않았다. 그 군대는 비록 강하나 남의 나라를 침략하지 않았다. 풍속이 순박하고 후덕하여 길 가는 사람은 서로 길을 양보하고 밥 먹는 사람은 서로 밥을 권하였다. 남녀가 거처를 달리하여 앉는 자리를 함께 하지 않았다. 가히 동방 예의지군자국(東方禮儀之君子國)이라고 일컬을 만하다."라고 하였다.[64]

위의 기록은 중국인들이 우리의 조상들을 평가한 것들로 그들은 우리나라를 '군자불사지국(君子不死之國)', '동방예의지군자국(東方禮儀之君子國)'으로 부르며 심지어 공자마저도 그곳에 가고 싶어했을 정도로 서로 권하고 양보하며 어질고 순박하고 후덕한 의식이 매우 높은 수준에 있었던 민족이었음을 증명해주고 있다.

특히 가장 큰 영토를 정복한 고구려의 광개토대왕에 대한 『삼국사기(三國史記)』 고구려본기의 인물평에도 '어려서부터 웅위(雄偉)[65]하고 뜻이 고상(高尙)[66]하였다'고 한다. 이러한 바탕에는 태초에 환웅이 천명한 홍익인간, 재세이화가 밑바탕이 되고 있었음을 알 수 있다.

우리 민족은 삼국시대까지도 하늘숭배사상(敬天思想)을 가진 화랑제도를 바탕으로 이러한 의식을 지탱해왔다. 즉 고구려는 온달장군과 같이 낙랑의 언덕에서 사냥대회를 통해서 조의선인을 선발하였고 이들을 중심으로 한 세력들이 결집되어 수, 당나라의 100만 대군을 물리쳤다.

그러나 연개소문 사후 자식들과 위정자들이 자신의 이익을 추구하자 나라가 망하게 된 것이다. 신라 또한 화랑대회를 통해서 국선화랑을 뽑았고 이들 화랑과 낭도들의 세력들이 국가 전체에 활력을 불어넣음으로써 삼국

---

64) 東方有古國 名曰東夷, 其國雖大 不自驕矜 其兵雖强 不侵人國, 風俗淳厚 行者讓路 食者推飯 男女異處 而不同席, 可謂 東方禮儀之 君子國也.(『後漢書』列傳, 卷85, 東夷列傳)

65) 뛰어나게 웅장하고 훌륭함(『한국어대사전』, 고려대학교 민족문화연구원, 2009)

66) 품위가 있고 수준이 높음(위의 책, 2009)

통일을 이룩하였다.

군자(君子), 대인(大人)이란 우리말로 하면 '선비'로 이것은 조선시대에 과거에 급제하기에 몰두하였던 서생을 뜻하는 것이 아니다. 선비란 고구려시대에는 선인(仙人), 선인(先人) 등으로도 불렸으며 문무겸비(文武兼備)한 사람을 뜻하는 말이다.[67] 즉 풍류도를 닦던 조의선인들을 일컫는 말이다. 그러나 고려 후기에는 이러한 정신이 사그라졌으며 조선시대에는 궤멸되고 말아 급기야는 망국의 길을 가고 말았다.

모든 사상과 종교는 인류 역사를 통해서 시험대에 올랐으며 대부분 문명의 대전환기를 맞아 사그라지고 있다. 그러나 위기는 기회라는 말이 있듯이 우리조상이 펼쳤던 선도는 지금까지는 공허한 메아리로 치부해왔지만 그렇지 않다는 것을 깨닫게 되었다.

왜냐하면 『삼국사기(三國史記)』 권4, 신라본기(新羅本紀), 진흥왕(眞興王) 37년(576)조에 인용된 최치원의 난랑비서문(鸞郎碑序文)에는 "우리나라에 현묘한 도가 있으니, 말하기를 풍류라 한다. 이 종교를 일으킨 연원은 선사(仙史)에 상세히 실려 있거니와, 근본적으로 유(儒), 불(佛), 선(仙) 등 삼교(三敎)를 이미 자체 내에 지니어, 모든 생명을 접하여 저절로 감화시킨다. 집에 들어온 즉 효도하고, 나아간 즉 나라에 충성하니, 그것은 노사구(魯司寇: 공자)의 교지(敎旨)와 같다. 하염없는 일에 머무르고, 말없이 가르침을 실행하는 것은, 주주사(周柱史:노자)의 교지와 같다. 모든 악한 일을 짓지 않고 모든 선한 일을 받들어 실행함은 축건태자(竺乾太子:석가)의 교화(敎化)와 같다."고 하였다.[68] 이것은 선도의 한 갈래인 기독교까지 포함하여 선도는 유불선 그리고 기독

---

67) 신채호, 『丹齋 申采浩 全集』上·下, 단재신채호선생기념사업회, 1972, p.117.

68) 國有玄妙之道曰風流, 說敎之源備詳仙史, 實乃包含三敎接化群生, 且如入則孝於家出則忠於國, 魯司寇之旨也, 處無爲之事行不言之敎, 周柱史之宗也, 諸惡莫作諸善奉行, 竺乾太子之化也.(『三國史記』卷4, 新羅本紀, 眞興王 37年)

교까지 포함하는 종지를 가지고 있다는 것을 알 수 있다.

세계제국을 건설한 징기스칸(Genghis Khan)은 유일신(唯一神)인 멍케-텡게리(Möngke Tenggeri : 영원한 하늘)를 대몽골제국의 국교(國敎)로 삼고 자신이 그 대리자임을 천명하면서, 모든 사람들이 지켜야 하는 수칙인 예케-자사크(Yeke Jasag)를 반포하였다. 현재 전해지는 36개의 조항 중에서 제16조에는 "만물은 어떠한 것도 부정하다고 말하면 안된다. 만물은 예초부터 청정하며 깨끗한 것과 부정함의 구별이 존재하지 않았다."고 하였고 제11조에서는 "모든 종교는 차별없이 존중해야 한다. 종교(宗敎)란 신(神)의 뜻을 받드는 면에서 모두 같다."고 하였으며 그리고 모든 종교의 성직자(聖職者)들에 대한 세금과 부역을 면제해주라고 하였다.

몽골제국 제4대의 몽케칸(Mongke Khan)은 "도교나 불교, 유교, 이슬람교, 기독교 등 모든 종교에서 말하고 있는 절대자(絶對者)나 절대 진리는 그 근본(根本)을 따져 볼 때에 모두 하나라는 것을 알 수 있다. 모두 나의 손을 바라보라 여기 손바닥이 있고 다섯 개의 손가락이 있다. 모든 종교란 손가락에 불과하며 그 최후에 도달처는 손바닥이다. 너희 각 종교 지도자들이 모시고 있는 다양한 신(神)이나 진리(眞理)의 이름은 엄지나 검지 등 다른 손가락일 뿐 그 최후의 도달처는 모두 같다."라고 천명하고 있다.[69]

즉 몽골제국은 지금까지 지역과 계층을 막론하고 그들 모두를 강하게 억누르고 있었던 기존의 종교, 사상, 이념들로부터 해방시켰다. 또한, 너와 나를 가리지 않고 개방성, 다양성을 가지게 되었으며 사상, 종교, 정치적으로도 상식을 존중하는 원칙을 만들어냈다. 이러한 상식이 통하는 사회에서는 애당초 문화와 종교 간의 충돌이 일어날 수 없었기에 유럽, 중동, 시베리아,

---

69) 박원길, 「대몽골제국의 국교 Mongke Tenggeri에 대하여 -샤마니즘의 세계종교화-」, 『몽골학』 제30호, 2011.

아시아 대륙에 건설된 대몽골제국이 펼쳤던 남을 이해하고 관용하며 서로의 눈높이를 맞추어 모든 종교를 차별없이 존중하면서 그 당시 살았던 사람들을 하나의 세계 속으로 모아 하나로 통합시켜 버렸다.

우리 민족의 한 갈래에서 시작된 몽골족70)이 인류의 역사상 최초로 하나

---

70) 몽골족(蒙古族)은 실위족(室韋族)에서 연원이 되었다고 하며 실위족은 선비족(鮮卑族)에서 갈라진 족속으로 보고 있지만, 쓰다(津田左右吉)는 실위의 5부 중에서 가장 북쪽에 있는 에르군 네강의 대실위(大室韋)와 가장 남쪽에 있는 남실위(南室韋)를 서로 다른 족속으로 보고 있으며, 실위를 선비족으로 보고 있는 것은 남실위가 선비족 계통의 거란(契丹)과 붙어있었으며 선비족 계통이었을 것으로 생각하고 있다. 그런데 거란이 이들 실위족을 모두 동족으로 부회한 것으로 보고 있다. 특히 실위는 북부여가 있었던 눈강(嫩江)을 중심으로 분포되어 있으며, 부여족의 한 갈래였던 두막루(豆莫婁)가 바로 동쪽에 자리잡고 있는데 그들과 습속이 비슷한 것을 보아 부여족일 가능성이 높다. 왜냐하면 『몽고비사(蒙古祕密)』에는 바이칼호수에 졸본부여를 세운 고리(Kori)족이 살았다는 기록이 있으며, 보이른호수에는 고리왕의 석상인 혼촐로가 남아있다. 그런데 북부여의 후예인 동부여(東扶餘, BC 86~22)를 이은 망명부여(亡命夫餘, 22~494)가 멸망당하자 그 잔존세력들이 자기의 원향인 북부여(北扶餘, BC 239~BC 87)가 있었던 하르빈 지역으로 이동해 두막루(豆莫婁, 達末婁, 494~726)을 세운 것을 보아, 필자는 부여족의 한 갈래인 고리족의 잔존세력들이 그들의 원향인 보이르호수 부근으로 이동해 두막루의 서쪽 눈강의 지류인 아노하(雅魯河), 아룬하(阿倫河) 지역의 실위(室韋)가 되었을 것으로 본다. 왜냐하면 『북사(北史)』실위조와 『신당서(新唐書)』실위조에 그들의 언어가 해(奚), 거란(契丹) 뿐만 아니라 두막루(豆莫婁), 말갈(靺鞨)과 같다고 하기 때문이다. 이것은 남실위(南室韋)는 해(奚), 거란(契丹)과 같고, 대실위(大室韋)는 두막루(豆莫婁), 말갈(靺鞨) 등과 같은 것을 보여준다. 실위에 대한 것은 동위(東魏)의 무정(武定) 2년(544)에 실위가 조공했다는 기록이 나타나기 시작한다. 그러나 7세기 말~8세기 중엽의 돌궐비문과 위구르비문에는 원거주지에 있는 실위를 오투즈타타르, 몽골 중앙부까지 진출해 나간 실위를 토구즈타타르로 부르고 있다. 즉 달단(韃靼, Tatar)의 원거주지는 원래 헐런호수(呼倫湖)와 보이르호수(貝爾湖)를 중심으로 한 몽골의 동부지역의 헐런-보이르초원(呼倫貝爾草原) 일대에 자리잡고 있었던 것을 알 수 있다. 그러나 실위족가 처음 기록된 북위(北魏, 386~534) 당시에는 동쪽 보이른호수 부근에는 지두우(地豆于), 북쪽에는 오락후(烏洛侯), 동남쪽에는 물길(勿吉, 靺鞨)이 자리잡고 있었다. 479년에 고구려 장수왕은 유연제국과 함께 지두우를 나누어 점령하였는데, 서쪽은 유연(柔然)이 동쪽의 보이른호수 부근은 고구려가 점령하였던 것이다. 그후 당(唐, 618~907) 시기에는 실위가 이들을 복속시켜 두막루인 달말루(達末婁)는 달말실위(達末室韋)로, 오락후는 오라호부(烏羅護部)로, 오환의 후예들은 오환부(烏丸部) 등으로 통합하여 실위가 20부(部)로 확대되었음을 알 수 있다. 당나라 말기에는 실위라는 명칭이 달달(達怛, Tatar)로 바뀌어 불리우게 되었으며, 요(907~1125)이·금(1115~1234) 시기에는 조복(阻卜, 阻鞣), 출불고(朮不姑), 북출패(北朮孛) 등으로 바뀌었다. 후일 조복(阻卜)은 타타르(Tatar)部를 나타내는데 북출패(北朮孛)로도 불리웠으며, 출불고(朮不姑)는 케레이드(Kereyid)部나 엉구드(Onggud)部 등으로 나타나게 된다. 실위 중에서 헐런호수(呼倫湖) 남쪽

의 제국(帝國), 하나의 이상(理想)으로 통합하여 서로 어울려 살게 만들어 팍스-몽골리카(Pax Mongolica)를 꽃피웠던 것은 우리 민족이 염원하고 있는 홍익인간, 재세이화를 잠시나마 실현시킨 인류최초의 시도였다고 본다.

이러한 사실을 통해서 볼 때 하늘숭배사상(敬天思想)과 천인합일(天人合一) 사상을 바탕으로 최치원이 언급한 바와같이 우리 조상들이 펼쳐왔던 선도(仙道)처럼 유교, 불교, 도교 등 모든 종교를 품을 수 있는 넉넉한 틀이 아니고서는 전세계 인류에게 닥친 문명의 대전환기를 감당하기 힘들 것으로 본다. 그러므로 필자는 추후 우리 민족이 세계 종교, 사상사에서 이것을 실현할 수 있는 역량을 갖출 수 있는 유일한 민족이 될 수 있다고 본다.

왜냐하면 우리 민족은 유대인들의 조상인 아브라함은 BC 2000년경인 고대에는 생각지도 못하는 보이지 않는 하나님을 섬겼던 것과 같은 고등종교를 가지고 있었기 때문이다.

BC 2333년의 단군왕검이 제사를 드렸다는 강화도의 참성단, BC 2200

의 보이르호수(貝爾湖)을 중심으로 있었던 오소고부(烏素固部)는 후일 징기스칸 시대에는 옹기라트(Khongirad)부가 되었다. 그런데 『구당서(舊唐書)』 권39, 지리지(地理志)2에는 당나라는 신주(愼州)에는 속말말갈오소고부락(涑沫靺鞨烏素固部落), 여주(黎州)에는 부유말갈오소고부락(浮渝靺鞨烏素固部落)을 두었는데 이들은 모두 영주(營州)에 속했던 현재의 길림성 농안(農安)인 발해 부여성(扶餘城)의 눈강과 송화강 합류지역 일대에 거주하던 속말말갈을 당(唐)나라 때에는 부유말갈이라고 불렀던 것이다. 그런데 『송사(宋史)』 발해국전(渤海国傳)에서는 '부여(夫餘)'를 '부유(浮渝)'라고 표기하고 있어 '부유말갈(浮渝靺鞨)'은 바로 '부여말갈(夫餘靺鞨)'임을 증명해주고 있다. 여주(黎州)가 신주(愼州)보다 70년 후에 설치되었는데, 당나라에 귀부한 오소고부(烏素固部)를 속말말갈(涑沫靺鞨)이라 하지 않고 부유말갈(浮渝靺鞨)이라고 부르며 이들을 경영하기 위해 2개의 주로 나누어졌다. 즉 이들은 70년간 부여고지(夫餘故地)에서 머문 속말말갈(粟末靺鞨)로 그곳의 부여인(夫餘人)들과 민족적 융합을 하면서 일정 정도 부여 민족화 되었던 것을 말해 주고 있는 것이다. 그러므로 이들 또한 부여족의 일족으로 보아도 무방하다. 그런데 말갈족은 고조선(古朝鮮)의 일족인 숙신(肅愼)으로 부여(夫餘)시대에는 읍루(挹婁)로 그들에게 속하였으며 그후에는 말갈(靺鞨)이 되어 고구려(高句麗)에 속했기에 우리 민족에 속했음을 알 수 있다.(오순제, 『고구려는 어떻게 역사가 되었는가』, 채륜서, 2019 ; 박원길, 「타타르부의 역사적 고찰」, 『몽골학』 제50호, 몽골학회, 2017 ; 津田左右吉, 『滿鮮地理歷史報告』 第1, 東京帝國大學文科大學, 大正 4年(1915) ; 高文德 主編, 『中國少數民族史大辭典』, 吉林教育出版社, 1995, p.342)

~BC 1600년의 하가점하층문화에 해당하는 성자산산성 꼭대기의 하늘에 제사를 드렸다는 천단(天壇) 뿐만 아니라, BC 4500년~BC 3000년의 홍산문화에 해당하는 우하량유적의 천단(天壇)과 동산취유적의 천단(天壇)까지 그 어느 곳에도 신상(神像)이 존재하고 있지 않기 때문이다.

이것은 메소포타미아, 이집트, 그리스 등에서 나타나는 우상숭배와는 달리 보이지 않는 하느님을 섬길 만큼 그 당시 전세계에서 의식수준과 영성(靈性)이 가장 높았음을 보여주고 있는 것이다. 왜냐하면 그 당시 수행을 하

①강화도 마니산의 참성단 ②우하량 유적의 천단(天壇)
③이집트의 프타 ④그리스의 제우스 ⑤가나안의 바알신

던 방법도 명상을 통해서 천인합일로 우주와 내가 하나가 되는 것을 알았는데 홍산문화에 속하는 BC 3500~BC 3000년전의 우하량유적의 여신묘(女神廟)에 모셔져 있었던 여신상(女神像)을 복원해보면 가부좌를 틀고 있는 모습이 된다. 이것을 볼 때에 우리 조상들은 이러한 수행법을 통해서 하느님과 하나가 되고자 하는 천인합일(天人合一) 사상을 보여주고 있다.[71]

더구나 환웅(桓雄)이 하늘에서 백두산으로 내려왔으며 그의 아들인 단군왕검이 우리의 조상이 되었다는 천손사상(天孫思想)을 지녔을 뿐만아니라, 환웅이 우리 민족에게 제시하고 있는 '널리 두루 이익케 하는 인간'인 적어도 700 수준 이상의 홍익인간(弘益人間)을 통해 '이 세상을 이치로 교화하게 한다'는 재세이화(在世理化)를 실현하게 된다면 인류가 역사에서 추구해 온 궁극적 목표에 도달할 수 있게 되는 것이다.

---

71) 인더스(Indus) 문명에서 발견된 유물 중에서는 시바(Shiva) 신으로 추정되는 머리에 소뿔 형상을 하고 있는 인물이 요가 자세를 하고 있는 것이 발견되었다. 현재는 아리안족인 인도의 전유물처럼 되어있는 요가(Yoga) 또한 드라비다족이 일으킨 인더스문명에서 시작된 것이었음을 알 수 있으며 이러한 형상이 우하량여신상(牛河梁女神像)에서도 확인되고 있다. 더구나 인도인들인 아리아인들이 가장 많이 믿고 있는 시바 또한 드라비족이 일으킨 인더스문명인들이 믿었던 신(神)이었음을 알 수 있다. 그런데 드라비다족은 현재 인도 남부지역에 집중 분포되어 있다. 이들의 언어는 우리나라 말과 매우 밀접한데 예를 들면 벼(稻)는 Biya, 풀(草)은 Pul, 알(粒)은 Ari, 가래(農器具)는 Karu, 아빠(父)는 Appa, 엄마(母)는 Amma, 언니는 Annai, 맘마(乳兒食)은 Mammu, 얼(精神)은 Ul, 궁둥이는 Konti, 눈(眼)은 Nuni, 피(血)은 Pay, 목(首)은 Mak, 말(語)는 Marru, 나(我)는 Nan, 살(年)은 Sal, 날(日)은 Nal, 나라(國)은 Nar, 비(雨)는 Pey, 몽땅(全部)는 Mottam, 가라(黑)는 Kar, 아이고(擬聲語)는 Aigo, 암(肯定語)는 Am, 아(感歎詞)는 A, 아파(痛)는 Aapaa, 우주(宇宙)는 Uru, 이리와는 Ullewa, 쌀(米)은 Sal, 밥(飯)은 Bab, 씨(種)는 Pci, 사래(밭고랑)는 Salai, 모(茅)는 Mol, 메뚜기는 Meti 등과 까꿍는 까꿍, 곤지곤지, 도리도리 등도 있다. 그리고 막걸리, 떡, 공기놀이, 윷놀이 등도 우리와 같다. 그리고 서울대학교 의과대학 서정선 교수가 2004년 김해 예안리고분의 인골을 분석한 결과 남방계로 특히 인도의 타밀주에서 온 사람과 거의 일치하고 있다고 하였다.(강길운, 『고대사의 비교언어학적 연구』, 한국문화사, 2011; 「가야어와 드라비다어와의 비교(1)」, 『언어』 Vol.3, 1982 ; 「가야어와 드라비다어와의 비교(2)」, 『수원대학교 논문집』 Vol.1, 1983 ; KBS역사스페셜제작팀, 『우리역사, 세계와 통하다』, 가디언, 2011.)

▲ 우하량 유적의 여신상　　▲ 인더스문명의 시바신과 요가

2부

한사상(韓思想)과
한류문화(韓流文化)의 미래

1. 한류란 무엇인가?

한류(韓流)란 "Korean Wave"로 1990년 말부터 아시아에서 시작된 한국 대중문화의 열풍으로 중국에서 '대장금', 일본에서 '겨울연가'의 '욘사마 시드롬' 그리고 소녀시대, 싸이의 '말춤', K-Pop을 거쳐서 급기야 방탄소년단(BTS)에 이르러서는 한국 최초로 빌보드차트 1위의 정상을 연속으로 차지하면서 전세계를 열광시키고 있다.

이것은 한민족의 우수한 '한(韓)'사상이나 문화가 우리 민족의 울타리를 넘어 동아시아 또는 전세계에 영향을 미치는 문화의 흐름(流)이라고 말할 수 있는 것이다.

문화(文化)라는 것을 한마디로 정의하기란 어렵다. 서양에서 문화란 "Culture"로 "경작"이나 "재배" 등을 뜻하는 라틴어인 "Colore"에서 유래한 것으로, 문화란 자연 상태의 사물에 인간의 작용을 가하여 그것을 변화시키거나 새롭게 창조해 내는 것을 의미하고 있다.

우리의 역사를 보면 신라(新羅) 김춘추(金春秋)가 당(唐)나라의 힘을 빌리기 위해 스스로 당나라 옷(唐衣)을 입으면서 사대주의가 시작되었다. 그 후 고려시대의 김부식(金富軾)을 통해서 심화되었으며, 조선시대에 이르러서는 주자학(朱子學)을 국교로 삼으면서 극렬한 사대주의자들에 의해 중국의 문화 속으로 함몰되어 왔다.[72] 그리고 일제 강점기에는 일본문화, 해방 후에는

---

72) 국가의 관리를 뽑던 과거시험을 위해 서당,향교,성균관 등에서 청년들에게 가르치던 과목 모두 소학, 십팔사략, 자치통감, 대학, 중용, 논어, 시경, 서경, 주역 등 모든 것이 중국의 사상과 역사책들이다. 현대로 보면 한국의 공무원 시험 과목에 미국 역사와 미국 사상을 시험문제로 제출하기 때문에 이러한 과목들을 어릴 때부터 평생 공부했다는 말이다. 그러니 껍데기만 조선

▲ 싸이의 말춤(https://entertain.naver.com)

▲ 방탄소년단(BTS : https://staroutloud.wordpress.com)

사람이고 속 알맹이는 중국인을 키운 것이니 이러한 자들은 자기의 조국을 사랑할 수 없고 우리문화를 멸시하고 중국문화를 흠모할 수 밖에 없는 것이었다. 더구나 해방 후에 지금까지 학교에서 국악, 동양화 등은 배우지 않고 서양음악, 서양화를 주로 배우고 있다.

미국을 비롯한 서구문화에 완전히 침몰되고 있다.

그러나 사대주의자들이 흠모해왔던 중국은 성곽, 고분, 탑 등이 모두 벽돌로 되어있는 문화이며, 우리 조상들은 산성, 적석총, 석탑 등을 모두 돌로 만들어 왔다. 이미 6000여 년전의 홍산문화(紅山文化)의 천지인(天地人)의 제단과 적석총[73]을 보면 엄연히 다른 계통의 문화이다. 특히 홍산문화의 우하량유적(牛河梁遺蹟)에서는 성의 시원적 형태의 석축을 나타내고 있다. 그 뒤를 이은 하가점하층문화(夏家店下層文化)에서는 고구려 성곽의 시원이 되는 석성(石城)들이 나타나고 있는데 그중에서도 고구려 성곽에서 가장 특징적으로 나나타고 있는 치(雉)의 원형이 삼좌점석성(三座店石城) 등에서 나타나고 있기 때문이다.

중국은 2, 4, 6, 8, 10, 12, 24, 64로 전개되는 수리체계를 가지고 있지만 우리나라는 1, 3, 5, 7, 9, 21, 49, 81 등으로 전혀 다른 수리체계를 가지고 있다.[74] 몽골인들 3을 삶[生]의 숫자, 7을 죽음(死)의 숫자를 상징한다고 보았다. 그리고 우리 민족은 삼신(三神)할머니가 우리를 낳게 했으며, 죽어서는 칠성판(七星板)에 누워서 하늘로 다시 돌아간다고 생각했다.[75]

이와 같이 문화는 오랜 기간을 통해 축적되어 나가는 것이다. 역사(歷史)란 비약이 없는 프로세스이듯이 문화란 기나긴 세월을 통해 형성되어온 것이다. 미디어나 인터넷이 발달되지 못한 옛 시대에는 우리와 국경을 같이

73) 약 8000년 전의 흥륭와(興隆窪)문화의 백음장한(白音長汗)유적에서 발굴된 적석총이 가장 오래된 것이다.(곽대순, 「遼河유역의 신석기 및 초기 청동시대 유적에 대한 고고학상 해석:고고학상 드러난 요하 유역 유적의 시대구분」, 『박물관기요』 15호, 단국대학교 석주선기념박물관, 2000)

74) 우실하, 「한국 전통문화의 심층구조 '3수 분화의 세계관(1-3-9-81)'」, 『민족학연구』 9권, 일본민족학회, 2010.

75) 이익(李瀷)은 『성호사설(星湖僿說)』에서 칠성판(七星板)에 북두칠성(北斗七星) 모양의 구멍을 뚫은 이유는 죽음을 관장하는 북두신(北斗神)에게 빌어 죽음을 구제받기 위한 것이라고 하였다.

하고 있었던 중국, 일본 등 동아시아가 우리문
화를 서로 주고받았던 범위에 들어갔었다. 그러
나 이러한 시기에도 고구려의 고분벽화, 신라의
괘릉(掛陵)과 처용무(處容舞) 등에는 서역인(西域人)
들의 모습이 남아있다. 그리고 실크로드의 돈황
석굴(燉煌石窟)과 중앙아시아 사마르칸트 아프라
시압(Afrasiab)궁전의 벽화에 나타나고 있는 깃
털모자를 쓴 고구려인과 신라의 고분에서 출토
되고 있는 로마(Rome) 시대의 유리잔 등 그리고
고려시대 번창했던 벽란도, 몽골제국(Mongol
Empire)에 풍미했던 고려풍(高麗風), 고려의 몽골
문화 유입76)과 고려속요 쌍화점에 남아있는 아
라비아인들의 문화를 통해 그 당시 우리나라가
얼마나 개방적이고 국제적(國際的)인 나라였던가
를 보여주고 있다.

▲ 처용무의 가면

▲ 경주의 괘릉

▲ 고구려 벽화의 메부리코

▲ 사마르칸트 아프라시압궁전의 벽화

76) 제주도의 조랑말, 하루방, 소주, 족두리, 설렁탕 등이 있다.

조선이 중국 일변도의 사대주의와 주자학만을 고집해왔고 더구나 흥선 대원군이 국제정세를 읽지 못하여 쇄국정책(鎖國政策)을 고집함으로써 망국으로 치달았던 우(愚)를 우리 민족이 다시는 범해서는 안된다. 이제는 안방에 앉아서 매스미디어를 통해서 전세계를 볼 수 있으며, SNS를 통해서 전세계 사람들과 소통할 수 있게 되었다.

이 시대는 단일민족을 뛰어넘어 많은 다문화가정들이 생겨나고[77] 있기 때문에 이제는 나만의 것, 우리 민족만을 고집하는 시대가 아니다. 활짝 열린 마음과 자세로 세계인들과 어깨를 나란히 해야될 때가 된 것이다. 그러기 위해서는 역사 속에 남아있는 한류(韓流)의 기원을 찾아내고 거대한 수(隋), 당(唐)제국들과 겨루었던 고구려와 세계를 제패한 징기스칸의 몽골제국과 대결했던 고려라는 위대했던 우리 조상들의 역사와 그 힘의 원천이 되었던 샘솟는 저력을 알아보고자 한다. 더 나아가 우리 민족에 잠재되어있는 우수한 유전자를 일깨워 세계 10위 경제력뿐만 아니라 정신적으로도 세계의 지도국가로 발돋움해 나가야 할 비전을 제시해 보고자 한다.

---

77) 우리나라 역사에서 가야 김수로왕의 황후가 된 인도 아유타국 공주인 허왕옥, 유구의 산남왕 온사도, 베트남의 왕족 이용상, 원라라 공주를 따라온 위그루 출신의 장순룡, 이성계의 오른팔이었던 여진족 출신의 이지란(퉁두란), 임진왜란 당시 조선으로 귀화한 일본장수 김충선(사야카), 조선을 도와주러 왔다가 전사한 명나라 장수 가유약, 조선에 난파되어 살게된 네덜란드인 박연(벨테브레) 등 많은 외국인들이 우리나라로 들어와서 살았다.(박기현, 『우리나라 역사를 바꾼 귀화 성씨』, 역사의 아침, 2007)

2. 한사상과 한류문화의 시원

(1) 한사상

① 천손민족과 하느님 숭배사상

『삼국유사(三國遺事)』 권제1, 제1 기이(紀異), 고조선(古朝鮮)조에 환웅이 하늘에서 삼위태백을 내려다보고 내려가기를 원하니 환인이 천부인을 주어 풍백, 우사, 운사와 3000명의 무리를 이끌고 태백산(太伯山)[78]에 내려 보냈으며, 그가 내려와 신시를 세웠다고 한다. 환웅은 백두산 언저리에 살고 있었던 웅족과 호족을 홍익인간, 재세이화의 사상으로 교화시키고 하늘에 제사를 드렸다.

이러한 제사유적들이 6,000여 년 전인 홍산문화의 우하량유적, 동산취유적 등에 남아있다. 특히 우하량의 제사유적은 3층의 원형으로 축조된 천단(天壇), 네모로 축조된 지단(地壇), 여신상을 모신 인단(人壇) 등으로 천지인(天地人)을 이루고 있어 천부경의 사상을 바탕으로 축조되어 있다.

이 제사문화는 홍산문화의 동산취유적의 원형제단, 하가점하층문화의 성자산성 정상부의 제단, 고조선시대의 평양 화성동 2호제단 등이 있으며, 특히 단군왕검이 백두산과 더불어 강화도에서 하느님(天神)께 제사를 드렸던 참성단(塹星壇) 또한 원형과 네모 형태인 상방하원(上方下圓)으로 축조되어 있다. 이것은 서열적인 중국의 고대 사상과는 달리 사람을 둥근 원(圓) 속에 포함한 형상으로 사람과 하늘이 하나가 되는 천인합일(天人合一)이라는 우리 민족의 전통사상을 나타낸 것이다.[79]

---

78) 太伯山이란 '크고 밝은 산=ᄒ붉뫼'라는 뜻으로 현재 우리 민족의 영산인 백두산을 말한다.
79) 이찬구, 「홍산문화의 인류학적 조명」, 개벽사, 2018. pp.266~269.

이 유적들은 우상을 숭배하였던 수많은 고대 종족들처럼 우상을 섬겼던 곳이 아니라 오직 하느님이 계신 하늘을 향해 제사를 드렸던 그 당시 최고

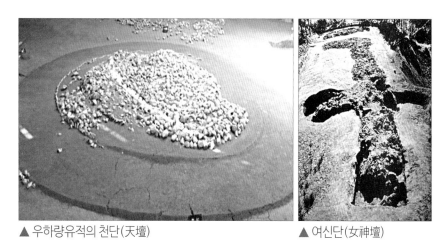

▲ 우하량유적의 천단(天壇)　　　　　　　　▲ 여신단(女神壇)

▲ 강화도 마니산의 참성단
(http://cafe.daum.
net/121315)

우하량의 지단(地壇) ▶

의 고등 종교가 발생된 장소이기도 하다. 하느님은 몽골, 시베리아, 터어키에서는 '텡그리(Tengri)'라고 하며 '텡'은 하늘(天), '그리'는 '신(神)'으로 '天神=하느님'으로 우리말로는 '대가리(大加利)'라고도 부른다.[80]

특히 흉노의 황제인 선우도 텡리고도선우(撑犁孤途單于)라고 하였는데, 그 뜻은 "하늘의 아들인 선우"라는 뜻으로 선우천강(單于天降)으로도 표현하고 있어, 우리 민족과 같은 천손사상(天孫思想)을 가지고 있었던 것이다. 더구나 시베리아에는 샤머니즘의 성지인 바이칼호수 알콘섬의 부르칸바위와 함께 바르코진의 바르한언더르산을 비롯하여 환웅신화와 같은 '아바이 게세르 신화'가 존재하고 있고, 몽골의 부르칸칼돈(Burkhan-Khaldun)산에는 곰의 상과 함께 그들이 좋아하는 잎은 파이고 뿌리는 마늘인 '파마늘'이 자생하고 있어 시베리아, 몽골, 만주, 한국 등이 하나의 맥으로 이어지고 있음을

▲ 바이칼의 바르한언더르산

---

80) 고대 터키어: , 불가리아어: Тангра, 현대 터키어: Tanrı, Proto-Turkic: teŋri/taŋrï, 몽골어: ᠲᠩᠷᠢ, Tngri, 현대 몽골어: Тэнгэр, Tenger이다.(https://en.wikipedia.org/wiki/Tengri)

볼 수 있다.[81]

『삼국사기』, 『삼국지』, 고려시대의 금석문 등에도 하늘에 제사를 드린 기록들이 남아있다. 특히 『고려사(高麗史)』, 지(志), 권제13, 예1(禮一), 원구단 조에는 "원구단(圜丘壇)은 둘레가 6장 3척이고, 높이는 5척이다. 12개의 계

▲ 게세르의 강림　　▲ 몽골의 부르칸칼둔

▲ 바이칼호의 부르칸바위와 솟대

81) 박원길, 「몽골지역에 전승되는 고대 한민족 관련 기원설화에 대하여」, 『몽골학』, 54호, 2018.

단이 있고 3중의 유(壝)가 있는데, 각 유마다 간격은 25보이다. 주위에 담장을 둘렀으며 4개의 문이 있다. 요단(燎壇)은 신단(神壇)의 남쪽에 있다. 너비는 1장이고, 높이는 1장 2척이다. 출입구는 사방 6척으로 위를 틔우고 남쪽으로 출입한다. 원구의 제사는 정해진 날이 있을 경우에는 정월 첫 신일(上辛)에 풍년을 기원한다. 정해진 날이 없을 경우에는 4월 중에 길일을 택하여 기우제를 지낸다. 축판(祝版)에는 '고려국왕 신 왕모(王某)는 감히 밝게 고합니다.'라고 쓴다. 옥과 폐백(玉幣)으로 상제(上帝)에게는 창벽(蒼璧)을 사용하되 밑받침이 있는 사규(四圭)로 하며 폐백은 창색(蒼色)을 사용한다. 청제(靑帝)에게는 청규(靑圭)를, 적제(赤帝)에게는 적장(赤璋)을, 황제(皇帝)에게는 황종(黃琮)을, 백제(白帝)에게는 백호(白琥)를, 흑제(黑帝)에게는 현황(玄璜)을 사용하는데, 폐백은 각각의 옥과 같은 색으로 한다. 5방(五方)의 제(帝)

▲ 부르칸칼둔의 곰상

▲ 파마늘

에게는 각각 방위에 해당하는 색의 송아지 1마리를 사용한다. 만약 방위에 해당하는 색으로 준비하기 어려운 경우라면 순색으로 대신한다."고 기록되어 있다.

이것은 하느님을 중심으로 5방신에게 제사를 드렸음을 보여주고 있는 것이다. 그러나 하늘에 제사를 드렸던 원구단은 고려 말 우왕 11년(1385) 당시 사대주의자들이 친명정책을 펴나가던 상황 속에서 "황천상제(皇天上帝)에게 제사를 드릴 수 있는 것은 천자(天子)일 뿐이니 고려는 제후(諸侯)의 의례를 따라야 한다."는 주장에 의해 폐지되었다.

『조선왕조실록』 태조 3년, 세종 1년, 세조 2년 등에는 원구단에서 하늘에 제사를 드린 사실이 기록되어 있다. 특히 『조선왕조실록』 태종 16년 6월 1일에 올린 변계량(卞季良)의 상서문에,

"우리 동방(東方)에서는 하늘에 제사지내는 도리가 있었으니, 폐지할 수 없습니다. 우리 동방은 단군(檀君)이 시조인데, 대개 하늘에서 내려왔고 천자가 분봉(分封)한 나라가 아닙니다. 단군이 내려온 것이 당요(唐堯)의 무진년(戊辰年)에 있었으니, 오늘에 이르기까지 3천여 년이 됩니다. 하늘에 제사하는 예가 어느 시대에 시작하였는지를 알지 못하겠습니다만, 그러나 또한

▲ 고종황제가 천제를 드린 원구단(https://khariles.tistory.com/60)

1천여 년이 되도록 이를 혹은 고친 적이 아직 없습니다. 태조 강헌 대왕(太祖康憲大王)이 또한 이를 따라 더욱 공근(恭謹)하였으니, 신은 하늘에 제사하는 예를 폐지할 수 없다고 생각합니다."고 하였다. 그러나 세조 10년(1464)에 중단이 되고 말았다.

그 이후 대한제국을 선포한 고종(高宗) 광무 원년(1897)에 소공동에 원구단을 세우고 하느님께 제사를 다시 드렸다. 그러나 일제강점기인 1911년 2월 원구단의 건물과 터가 총독부 소유가 되면서 일제는 1913년 원구단을 헐고 조선총독부에서 현재의 조선호텔인 철도호텔을 지었다. 현재 남아있는 팔각의 황궁우는 통층 구조로 중앙에는 태조의 신위를 봉안하고 있는데 이 건물은 원구단의 북쪽 모퉁이에 해당하며, 그 앞에 있는 석고는 1902년 고종 즉위 40년을 기념하여 세운 것이다.

우리 민족의 한 갈래가 중국으로 흘러들어간 내이, 우이, 서이, 회이 등의 동이족들은 태산에서 하늘에 제사를 드려왔는데 진시황이 천하를 통일한 이후 천자(天子)라는 개념으로 이것을 이어서 봉선(封禪)의식을 행하였다. 그후 한무제, 수양제 등도 이것을 행하였다고 한다. 그러므로 오악 중에서 이곳만이 대묘(岱廟)라고 부르며 '오악독종(五嶽獨宗)'이라고 말하고 있는 것이다.[82] 특히 산동성(山東省) 가상현(嘉祥縣)에 있는 후한시대의 무씨사당(武氏祠堂)의 화상석(畫像石)에는 환웅신화가 4단에 걸쳐서 새겨져 있다.[83]

---

82) 서쪽 화산(華山)에는 서악묘(西岳廟), 남쪽 형산(衡山)은 남악묘(南岳廟), 북쪽의 항산(恒山)은 북악묘(北岳廟), 중앙은 숭산(嵩山)으로 중악묘(中岳廟)가 있다.
83) 김재원, 『단군신화의 신연구』, 탐구당, 1976.

▲ 중국 산동성 문상현 무씨사당 화상석의 환웅신화

② 하늘제사(祭天行事)와 한민족의 올림피아드[84]

『삼국지(三國志)』 위서(魏書) 30, 동이전(東夷傳) 부여(夫餘)조에는 부여는 "은 (殷)나라 정월(正月)에 지내는 제천행사(祭天行事)는 국중대회(國中大會)로 날마 다 마시고 먹고 노래하고 춤추는데, 그 이름을 '영고(迎鼓)'라 하였다."

고구려(高句麗)조에는 "10월에 지내는 제천행사는 국중대회로 이름하여 '동맹(東盟)'이라 한다. 그 백성들은 노래와 춤을 좋아하여, 나라 안의 촌락 마다 밤이 되면 남녀가 떼지어 모여서 서로 노래하며 유희를 즐긴다."고 하

---

84) 올림피아드(Olympiad)란 올림픽이 열리는 기간을 의미하는 것이다.

였다.

동예(東濊)조에는 "해마다 10월이면 하늘에 제사를 지내는데, 주야로 술 마시며 노래부르고 춤추니 이를 '무천(舞天)'이라 한다."고 하였다.

한(韓)조에는 "해마다 5월이면 씨뿌리기를 마치고 귀신에게 제사를 지낸다. 떼를 지어 모여서 노래와 춤을 즐기며 술 마시고 노는데 밤낮을 가리지 않는다. 그들의 춤은 수십 명이 모두 일어나서 뒤를 따라가며 땅을 밟고 구부렸다 치켜들었다 하면서 손과 발로 서로 장단을 맞추는데, 그 가락과 율동은 탁무(鐸舞)와 흡사하다. 10월에 농사일을 마치고 나서도 이렇게 한다. 국읍(國邑)에 각각 한 사람씩을 세워서 천신(天神)의 제사를 주관하게 하는데, 이를 '천군(天君)'이라 부른다. 각각 별읍(別邑)이 있으니 그것을 '소도(蘇塗)'라 한다."고 기록되어 있다.

이러한 제천행사는 흉노, 오환, 선비, 거란, 여진, 만주족 등도 행하였는데 특히 요, 금, 청 등은 백두산에서 천제를 드렸음을 볼 수 있다.

환웅의 신시개천(神市開天)과 단군왕검의 개국(開國)이후에도 우리 민족 전체는 하늘에 제사를 지내며 온 나라가 먹고 마시고 노래하고 춤을 추었던 것이다. 고구려의 동맹은 왕으로부터 백성에 이르기까지 온 나라가 참여하여 남녀가 떼지어 춤추고 노래하였는데, 제사와 놀이는 하나였으며 말을 타고 활쏘기를 놀이로 하였다. 축제가 끝나면 기분이 좋고 새로운 기운이 솟아 일할 마음이 생긴다. 내년에 다시 벌어질 축제를 기대하면서 콧노래를 흥얼거리며 덩실덩실 어깨춤을 추면서 새로운 희망을 가지고 살게 된다.[85]

즉 이러한 축제는 하느님과 하나가 된 삶으로 천지와 통하여 신명(神明)나는 것으로 놀이와 유희가 어우러져 자연, 생명, 물질이 어우러져 교감하는

---

85) 전호태, 『한류의 시작 고구려』, 세창미디어, 2018. p.19~22.

삶이기에 하느님을 찬양하고 삶을 노래하며 그 기쁨을 덩실덩실 어깨춤으로 흘러나와 온 몸으로 신나게(神生) 표현해 왔던 것이다.[86]

전세계가 열광하는 K-Pop은 고구려의 축제가 그들을 통해서 한국을 뛰어 넘어 세계의 축제로 되살아나고 있는 것이다.

부여(扶餘)는 은나라의 정월에 제천(祭天)을 지냈는데, 전쟁을 하게될 때에도 하늘에 제사를 지내고 소를 잡아서 그 발굽을 보아 길흉을 점치는데 발굽이 갈라지면 흉하고 발굽이 붙으면 길하다고 생각하였다.[87] 이 당시 9,000년 전의 내몽골의 소하연문화와 6,000여년 전의 산동지역의 대문구 문화에서 나타나는 회화문자가 은나라시대에는 갑골문으로 나타나게 되어 한자의 기원이 된다. 서울대 이상백 교수가 1930년대 경박호 부근의 비

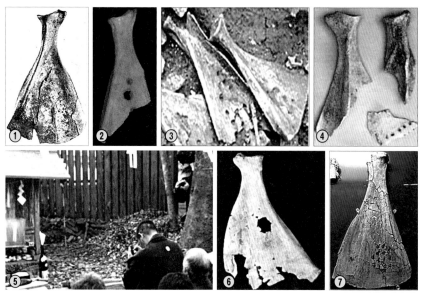

① 부하문화 ② 용산문화 ③ 가야 ④ 마한
⑤ 대마도 뇌신사(雷神社)의 구복(龜卜) 행사 ⑥ 일본 ⑦ 은

86) 이상훈, 「문화신학의 관점으로 본 한류현상」, 『한류 그 이후-한류의 저력과 향후 과제-』, 한국학중앙연구원 출판부, 2015, pp.102~104.
87) 有軍事亦祭天, 殺牛觀蹄以占吉凶, 蹄解者爲凶, 合者爲吉(『三國志』魏書 30, 東夷傳, 夫餘)

석을 탁본한 것과 경산시 명마산에서 발견된 것이 가림토문자로 추정되고 있어 추후 우리 민족이 한자와 한글의 두 가지 글자를 만들어낸 유일한 민족이었음을 증명해줄 수 있는 단초가 될 것이다.[88]

은(殷)나라는 동이족이 세운 나라로 이들은 제사를 지낸 후 하느님께 그 뜻을 묻기 위해 점뼈(甲骨)을 사용하고 있다. 갑골은 약 7,000년 전의 부하구문화(富河溝文化), 부여, 마한, 가야, 신라와 산동지역의 대문구문화, 용산문화를 거쳐서 은나라에 나타나고 있다. 특히 대마도의 뇌신사(雷神社)에서는 지금도 구복(龜卜) 행사를 매년 거행하고 있다.

원통형토기(圓筒形土器)는 아래와 위가 마주 뚫려있는 것으로 5500여 년 전인 홍산문화 우하량유적의 전방후원분식 고분 테두리에 박혀 있는데 이러한 토기는 광주의 명화동고분에 박혀 있는 원통형토기뿐만 아니라 일본의 전방후원분 주위에 박혀있는 원통형하니와(圓筒形埴輪)까지 우리 민족의 문화에 오랜 전통으로 내려오고 있다.[89] 이것은 하늘과 땅을 관통하는 것을

▲ 홍산문화

▲ 백제

▲ 일본의 원통형하니와

88) 잃어버린 고대문자, 〈문화일보〉, 1994.12.28.; 한글의 뿌리, 〈강원일보〉, 2007.10.10.
89) 오순제, 「요서지역 홍산문화의 전방후원분 발생과 졸본부여, 백제, 일본 등의 전방후원분에 대한 관련성 연구」, 『한북사학』 제4집, 2007, pp.64~65.

상징하는 것이다.

은나라에서 출토되고 있는 우수한 청동기는 대부분 제기이며 그중에서도 삼족기(三足器)가 있는데 이것의 기원은 홍산문화이다. 삼족기는 몸통은 하나이지만 다리는 세 개인 토기로 1이 3으로 분화하는 천부경의 원리에서 연원이 된 것으로 홍산문화에서 많이 보이고 있다. 이러한 토기는 산동지역의 대문구문화와 용산문화로 이어지게 되는데 이들은 동이족이 만든 문화이다. 이러한 삼족기의 전통은 고조선, 부여, 백제, 발해 등으로 이어져 내려오고 있다.

① 홍산문화 ② 하가점하층문화 ③ 대문구문화 ④ 용산문화 ⑤ 고구려 ⑥ 백제 ⑦ 발해

③ 천부인과 선도(仙道)

환웅은 하늘에서 내려오면서 환인으로부터 천부인(天符印)을 받았다. 현재 우리에게 전해지고 있는 천부경(天符經)이 그 편린일 가능성이 높다. 이것은 구한말 묘향산에서 계연수에 의해 발견되었는데 그것은 최치원이 새겨놓은 것이라고 전해지고 있다.

이러한 선도의 사상이 우리 민족의 한 갈래로 동이족의 시조였던 태호복희씨(太昊伏羲氏)에 의해 중원에 전해져 팔괘(八卦)를 만들었다고 하는데, 그의 무덤은 하남성 회양현에 남아 있다.[90] 그 후 자부선인(紫府先生)에 의해 황제(黃帝)에게 전해졌으며 그것이 〈황제내경(黃帝內經)〉으로 남아있다. 그 후 우(禹)임금이 도산(塗山) 회의에서 창수사자(蒼水使者)로부터 오행치수법을 전수받아 황하(黃河)의 홍수를 다스렸다고 한다.

이것은 1, 3, 5, 7, 9로 전개되는 사상으로 환웅이 하늘에서 내려올 때에 풍백, 우사, 운사를 거느리고 왔으며 그 밑에는 오가(五加)가 있었다. 고조선 시대에는 진한, 마한, 변한이 있었으며 그 아래에 오가가 있었다. 이것은 3이 삼한(三韓: 마한, 진한, 변한), 고려의 삼경(三京: 개경, 서경, 동경), 조선의 3정승(영의정, 좌의정, 우의정) 등으로 그리고 5는 고조선과 부여의 오가(五加: 마가, 우

---

90) 『周易』 繫辭下, 第二章에 "옛날에 포희씨가 천하를 다스렸다. 하늘을 우러러 상을 관찰하고, 땅을 굽어보며 법을 관찰했다. 금수의 아름다움과 땅에서 자라는 식물들의 마땅함을 관찰하면서 가까이로는 자기 몸에서, 멀리는 만물에서 이치를 찾아냈다. 이리하여 처음으로 팔괘를 만들어, 이로써 신명의 덕에 통하게 하고 만물과 같은 마음이 되게 하였다.(古者包犧氏之王天下也,仰則觀象於天,俯則觀法於地,觀鳥獸之文,與地之宜,近取諸身,遠取諸物,於是始作八卦,以通神明之德,以類萬物之情)"라고 하였는데, 『周易傳義』 易本義圖, 河圖之圖에 "공자가 말하기를 하도는 복희씨가 천하를 다스릴 때에 황하에서 나온 용마에 그려진 문양을 보고 팔괘를 그렸다고 한다.(孔氏曰河圖者伏羲氏王天下龍馬出河,遂則其文以畫八卦)"라고 하였으며, 『史記』, 卷130, 太史公自序에도 "복희씨는 순박하고 인정이 많았고, 역경의 팔괘를 만들었다.(伏羲至純厚,作易八卦)"이라고 하였다. 그리고 『詩經集傳』 卷七, 國風, 陳, 一之十二, 宛丘에 "진은 나라이름으로 태호복희씨의 터전이었다.(陳國名大皥伏羲氏之墟)"라고 하였는데, 진(陳)은 현재 하남성(河南省) 회양현(淮陽縣) 지역이다.

가, 저가, 구가, 양가), 고구려의 오부(五部: 계루부, 연나부, 순노부, 절노부, 관노부), 백제의 오방(五方: 북방, 남방, 서방, 동방, 중방), 신라의 오소경(五小京: 북원경, 중원경, 서원경, 남원경, 금관경), 발해의 오경(五京: 상경, 중경, 동경, 남경, 서경) 고려와 조선의 오부(五部: 동부, 서부, 남부, 북부, 중부) 그리고 요나라와 금나라의 오경(五京: 상경, 동경, 남경, 중경, 성경) 등으로 내려오고 있다.

특히 오가제도에 바탕을 두고 있는 부여의 사출도는 청나라의 팔기제도(八旗制度)와 같다.[91] 고조선과 삼한의 삼한제도는 흉노의 선우 아래에 좌현왕, 우현왕을 둔 것과 같고, 선비에서 중부, 동부, 서부대인을 두었던 것이 청나라의 팔기제도까지도 그 전통이 흘러 내려오고 있으며 백제시대에도 우현왕(右賢王)이라는 명칭이 존재하고 있는 것이 확인되고 있다.

『포박자(抱朴子)』에 "옛날에 황제(黃帝)가 있었는데 동(東)쪽으로 청구(靑丘)에 이르러 풍산(風山)을 지나던 중 자부선인(紫府仙人)을 만나 〈삼황내문(三皇內文)〉을 받아서 이것을 가지고 만신을 부렸다."고 한다.[92] 그리고 『오월춘추(吳越春秋)』에는 "우임금이 창수사자(蒼水使者)를 만나 금간옥첩(金簡玉牒)을 받아 그것으로 황하의 치수를 성공했다"고 되어있다.[93]

이러한 사실이 『좌전(左傳)』 애공 7년, 『죽서기년(竹書紀年)』 우왕 5년조에

---

91) 후금을 세운 누루하치 당시에는 황색, 적색, 청색, 백색 등 4기(旗)만 있었다가 8기로 늘어나게 된 것이다.

92) 『포박자(抱朴子)』 지진편(地眞篇)에 "昔黃帝東到靑丘 過風山 見紫府先生 受三皇內文 以刻召萬神"고 되어있는데, 청구(靑丘)란 현재 홍산문화가 나타나는 요서, 내몽골 지역으로《삼성기전하(三聖紀全 下)》에서 14대 자오지환웅이 이곳 청구국(靑丘國)으로 천도하였다고 하며, 그가 바로 치우천왕이라고 한다.(단단학회 편, 『환단고기』, 광오이해사, 1979)

93) 우(禹)가 이에 동쪽으로 순행하여 형악(衡嶽)에 올라 백마(白馬)의 피로 제사를 지냈다......꿈에서 붉게 수놓은 옷을 입은 남자를 보았는데 자칭 현이(玄夷)의 창수사자(蒼水使者)라 하였다......우(禹)는 물러나와 삼개월동안 목욕재계하였다. 경자일(庚子日)에 완위산(宛委山)에 올라 금간(金簡)의 책을 발견하매 금간(金簡)과 옥자(玉字)로 되어 있으니 통수(通水)의 이치를 얻은 것이었다.(禹乃東巡 登衡嶽 血白馬以祭...因夢見赤繡衣男子 自稱玄夷蒼水使者 ...禹退又齊三月庚子登宛委山 發金簡之書 案金簡玉字 得通水之理 : 『吳越春秋』 越王 無余 外傳, 第六)

도 기록되어있고, 『응제시주(應製詩註)』, 『세종실록(世宗實錄)』, 154권, 지리지(地理志), 평안도 평양부 영이(靈異), 『동사(東史)』 단군본기(檀君本紀) 등에는 단군왕검의 큰 아들로 2대 단군이 되었던 부루(夫婁)가 도산(塗山)에서 우(虞)임금을 만나 치수에 대한 비책인 금간옥첩을 전해 주었다고 되어 있어, 우리 민족의 전통종교였던 선도(仙道)의 핵심 중 일부분이 중국인들이 조상으로 섬기는 태호복희, 황제헌원과 우임금 등을 통해서 중국으로 흘러 들어갔음을 알 수 있다.

④ 소도와 풍류도

소도(蘇塗)는 제사와 정치가 분리되면서 천군(天君)이라는 제사장이 제사를 전담하게 되었던 신성한 장소이다. 필자와 백제문화연구회의 한종섭 회장이 화순군 도고면의 지석천변에서 마한시대의 소도유적을 찾아냈는데, 하천을 중심으로 북쪽의 신덕리에는 왕궁터가 남쪽의 대곡리에는 비봉산 서쪽 해발 200m의 산 정상부에 남아있는 천단으로부터 북쪽의 강변으로 내려오면서 천단 → 제단 → 칠성단[94] → 천군무덤[95] → 당산나무 → 우물 등으로 배치되어 있는 것을 확인하였고 소도를 보호하기 위해 비봉산성이 자리잡고 있다.[96] 소도에는 산에 있는 상소도(上蘇塗)와 평지의 마을에 자리잡은 하소도(下蘇塗)로 나누어지는데, 상소도에는 '소나무'가 쓰였고 하소도에는 '느티나무'가 주로 쓰였다.[97] 특히 소도에서 행해졌던 천제에는 차를 다

---

94) 고인돌 7개가 북두칠성과 같이 배치되어 있으며 그 옆에 따로 제단이 마련되어 있었다.

95) 우리나라에서 소도의 제사장인 천군(天君)이 사용했던 무구 전체가 일괄적으로 모두 출토된 곳은 이곳 한 곳밖에 없다.

96) 오순제·한종섭, 「지석천 선사하천문화 복원을 위한 타당성 및 하천환경 관리계획 연구」, 한국건설기술연구원, 2006.

97) 소나무란 솟대에 쓰이는 '솟나무', '솟아오른 곳에 자라는 나무'라는 뜻이고, 느티나무는 '넓은 지역에 자라는 차나무'라는 뜻이다. 우리 조상들은 제사를 드릴 때 차(茶)를 다려서 받쳤

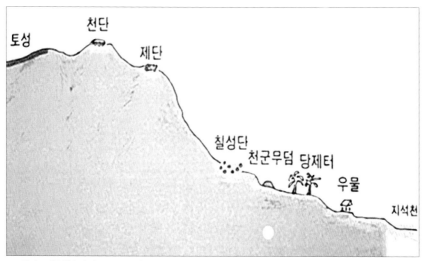

▲ 화순 지석천변의 소도유적

▲ 화순 대곡리유적 천군의 일괄유물

려서 받쳤는데 백제문화연구회의 한종섭 회장은 낙엽 지기 직전에 채취한 느티나무잎으로 '느티차'를 재현하였는데 그 빛이 태양을 상징하는 붉은 색을 띠고 있다.

기에 '차례(茶禮)'라고 불렀으나, 평민들은 귀한 차를 구할 수 없었기 때문에 '술(酒)'을 빚어서 받치게 된 것이다.

현재 우리는 차례(茶禮)라고 부르면서도 술을 바치는 것은 고대에 차는 평민들에게는 매우 귀한 것이었기 때문에 차 대신에 술(酒)를 바치게 되었기 때문이다. 이것을 보면 중국의 동부 연안의 산동성, 강소성, 절강성 등에 살았던 우리 민족의 갈래인 동이족에 의해 차문화가 중국에 전파되었음을 알 수 있다.

하가점하층문화에 속하는 내몽골의 음하, 영금하 지역에 남아있는 성터들을 보면 산 위에 있는 성은 소규모의 원형석성으로 그 내부에 제사유적이 나오고 있고 아래 평지에 있는 대형으로 된 네모난 토성에는 주거지가 주로 존재하고 있는 것을 볼 수 있다. 이것은 졸본부여에 오녀산성의 동명묘동굴 제사유적과 평지의 하고성자성, 고구려의 환도산성의 팔각형건물지와 국내성, 한성백제의 이성산성 제사유적인 9, 8, 12각 건물지와 교산동토성, 신라 경주의 도당산성과 반월성 등으로 이어져 내려오고 있다.

소도(蘇塗)라는 신성한 지역에는 장대 위에 새를 매달아 놓은 솟대를 세웠는데, 이러한 유적이 우리나라를 비롯하여 몽골, 바이칼, 북아메리카 등에 분포되어있다. 그리고 『삼국지』 동이전, 변진조에 "아이나 태어나면 돌로 그 머리를 눌러 그 머리를 납작하게 하였다. 지금 진한 사람이 모두 편두이다."라고 하였다.[98] 이러한 편두(偏頭)는 600여 년 전 내몽골의 홍산문화와 산동의 대문구문화와 아무르지역, 가야, 흉노, 아메리카인디언, 잉카 등에 존재하고 있는데,[99] 이것은 제사장들의 머리를 새모양으로 납작하게 눌렀던 것이다.

새는 하늘로 날아다니던 인간과 하느님을 연결시켜 주었던 동물로 인식하였기 때문에 이러한 역할을 하였던 샤만들의 머리를 새와 같이 만들고자

---

98) 兒生,便以石厭其頭,欲其褊.今辰韓人皆褊頭.(『三國志』 魏書 30, 東夷傳, 弁辰條)
99) 정형진, 『고깔모자 쓴 단군』, 백산자료원, 2003.

① 새인간(미국의 체로키박물관) ② 인디언 ③ 고구려 ④ 만주 ⑤ 시베리아 ⑥ 잉카

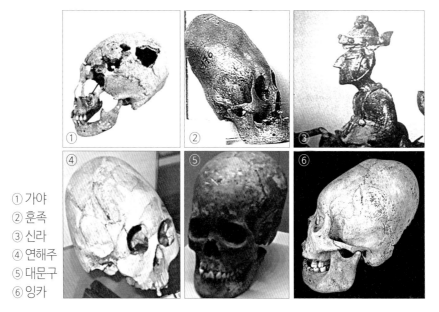

① 가야
② 훈족
③ 신라
④ 연해주
⑤ 대문구
⑥ 잉카

하였던 것이다.[100] 특히 대문구문화와 용산문화에서는 새의 입모양으로 만들기 위해 발치(拔齒)까지 한 풍습이 남아 있다.[101] 그리고 미국의 카호키아 마운트(Cahokia Mounds)의 인디언 유적에서는 새인간(Birdman)을 나타내고 있는 유물이 출토되었다.[102]

그 외에도 솟대는 한국, 바이칼, 북미 인디언 등에서 확인되고 있으며 장승은 한국, 바이칼, 사할린, 북미 인디언 등에서 확인되고 있다. 그리고 돌무더기를 쌓아놓은 성황당은 한반도, 몽골, 바이칼, 일본[103], 티벳 등에 분포되어 있다.

『태백일사』「삼신오제본기」에 "소도(蘇塗)가 서면 언제나 계(戒)가 있나니 바로 충, 효, 신, 용, 인의 오상(五常)의 도이다. 소도의 옆에는 반드시 경당(扃堂)을 세워서 일반백성들의 미혼자제들로 하여금 여러 가지 사물을 익히고 연마하게 하였다고 한다.

대체로 독서(讀書), 습사(習射), 치마(馳馬), 예절(禮節), 가락(歌樂), 권박(拳博), 검술(劍術) 등의 육예(六藝)를 말한다."고 하였다.[104]

---

100) 현장(玄奘)이 쓴 『대당서역기(大唐西域記)』, 권제1(卷第一)에 "쿠차국은 자식을 낳으면 머리를 눌러서 편평하게 만드는 풍속이 있다(屈支國, 其俗生子以木押頭, 欲其遍遞也)"고 하였으며, 카자흐스탄의 황금인간과 이집트의 아크나톤(Akhnaton)왕의 고깔모자 등에서도 편두의 형태가 보이고 있다.

101) 장광직 지음, 하영삼 옮김, 『중국 청동기시대』, 학고방, 2013, p.78.

102) 미국 일리노이주의 카호키아 마운드에서는 깃털로 장식한 의상을 하고 있는 새인간(Birdman)이 새겨져 있는 석판이 발견되었다. 그리고 조지아주 에토와 마운드(Etpwah Mounds), 미주리주 몰덴(Molden), 오클라호마주의 스피로마운드(Spiro Mound)유적 등에서는 새인간이 새겨져 있는 청동판이 출토되고 있다.(https://cahokiamounds.org ; https://en.wikipedia.org/wiki/Cahokia)

103) 대마도의 최남단 천신다구두혼(多久頭魂神社) 부근의 '소토산(卒土山)'에 돌로 쌓은 성황당이 있는데, 이 산의 이름은 '소도(蘇塗)'와 같은 것으로 성산(聖山)을 의미한다. (오순제, 『오순제 박사의 대마도 역사기행』, 수동예림, 2018, pp.23~26)

104) 단단학회 편, 앞책, p.54.

▲ 바이칼의 솟대 ▲ 인디언 ▲ 한국 솟대

① 사할린 ② 바이칼 ③ 한국 ④ 바이칼 ⑤ 대마도(일본)

고구려는 각 지방에 있는 하늘에 제사를 드렸던 신성한 곳인 소도에서는 경당이라는 청소년 교육기관을 설치하고 책 읽기, 예의범절, 춤과 노래, 말타기, 활쏘기, 칼쓰기, 택견 등 문(文)과 무(武)를 모두 익히게 하였다. 그리고 귀족의 자제들은 중앙에 있는 태학(太學)에서 그 지도자들을 교육시켰다. 고구려에서 이들은 옷에 검은 띠를 허리에 둘렀기 때문에 조의(皂衣)라고도 불

① 인디언 ② 한국의 성황당 ③ 오보(몽골)

렀다.[105] 신라의 화랑제도에서도 화랑이 이끌었던 낭도(郞徒)들을 이와 같이 교육했다.

⑤ 화랑도와 세속오계

화랑도가 사용했던 세속오계에 대한 『삼국유사(三國遺事)』 권제4, 의해(義解) 제5, 원광서학(圓光西學) 조에 보면, 어진 선비 귀산(貴山)이라는 자는 사량부(沙梁部) 사람이다. 같은 마을 추항(箒項)과 벗이 되었는데 두 사람이 서로 일러 말하기를 "우리들은 사군자(士君子)와 더불어 교유하고자 기약하였으나 먼저 마음을 바로 하고 몸을 지키지 않으면 곧 모욕당함을 면치 못할 것이다. 현자(賢者)의 곁에서 도를 묻지 않겠는가?" 하였다. 이때 원광법사가 수나라에 갔다 돌아와 가슬갑(嘉瑟岬)에 머문다는 것을 들었다. 두 사람은 문에 나아가 고하여 말하였다. "속사(俗士)는 몽매하여 아는 바가 없습니다. 원컨대 한 말씀 내리셔서 평생 동안의 교훈으로 삼게 해주십시오." 원광이 말하였다. "불교에는 보살계(菩薩戒)가 있으니 그것은 10가지로 구별되어 있다. 너희들은 다른 이들의 신하와 자식된 자이니 능히 감당할 수 없을 것이다. 지금 세속의 5개의 계율(世俗五戒)이 있으니 '첫 번째는 충성으로 임금을 섬긴다, 두 번째는 효로 부모를 섬긴다, 세 번째는 친구와 사귐에 믿음이 있게 한다, 네 번째는 전투에 임하여 물러섬이 없다, 다섯 번째는 살생을 함에 가림이 있게 한다' 이다. 너희들은 그것을 행함에 소홀함이 없게 하라"고 하였다. 즉 세속오계란 그 당시 이미 세상의 습속으로 내려왔던 5가지의 계율을 원광법사가 간단하게 한자로 정리해 주었다는 이야기이다.

---

105) 지금도 태권도나 유도 등에서 가장 높은 급수는 허리에 검은 띠를 두른 것이 이것의 유풍이다. (신채호, 윗책, p.50)

신채호 선생도 세속오계가 단군으로부터 전해져 온 것이라고 하였다.[106] 더구나 『태백일사』「삼신오제본기」에 "소도(蘇塗)가 서면 언제나 계(戒)가 있나니 바로 충(忠), 효(孝), 신(信), 용(勇), 인(仁)의 오상(五常)의 도(道)이다."라고 말하고 있는 것이 그것이다.[107]

화랑도에 대한 『삼국유사(三國遺事)』, 권제3, 탑상(塔像) 제4, 미륵선화(彌勒仙花)·미시랑(未尸郎)·진자사(真慈師)의 기록을 보면 "진흥왕은 천성이 풍미(風味)하고 신선(神仙)을 매우 숭상하여 민가의 낭자 중에서 아름답고 예쁜 자를 택하여 받들어 원화(原花)로 삼았다. 이것은 무리를 모아서 인물을 뽑고 그들에게 효도와 우애, 그리고 충성과 신의를 가르치려 함이었으니, 또한 나라를 다스리는 대요(大要)이기도 하였다. 이에 남모랑(南毛娘)과 교정랑(峧貞娘)의 두 원화(源花)를 뽑았는데, 모여든 무리가 300~400명이었다. 그 후 서로 투기함으로써 폐지되었다가 여러 해 뒤에 왕은 또 나라를 흥하게 하려면 반드시 풍월도(風月道)를 먼저 해야 한다고 생각하여, 다시 명령을 내려 좋은 가문 출신의 남자로서 덕행이 있는 자를 뽑아서 화랑(花郎)이라고 하였다. 처음 설원랑(薛原郎)을 받들어 국선(國仙)으로 삼았는데, 이것이 화랑국선의 시초이다.[108] 이 때문에 명주(溟洲)에 비를 세웠다. 이로부터 사람들로 하여금 악을 고쳐 선행을 하게 하고, 윗사람을 공경하고 아랫사람에게 온순하게 하니, 5상(五常), 6예(六藝), 3사(三師), 6정(六正)이 이 왕의 시대에 널리 행해졌다고 한다."고 하였다.[109]

다시 말해서 화랑도 또한 진흥왕이 보이스카웃과 같이 민간에서 청소년

---

106) 신채호 지음, 이만열 역주, 『譯註 朝鮮上古文化史』, 단재 신채호선생 기념사업회, 1992, p.103.
107) 단단학회 편, 앞책, 1979.
108) 신채호 선생은 낭가(郎家)에서 여자 교사는 원화(源花)라 하고, 남자 교사는 화랑(花郎)이라 불렸던 것을 모르고 혼동하고 있다고 지적하고 있다.(신채호, 앞책, p.360)
109) 『三國遺事』, 卷第三, 塔像第四, 彌勒仙花·未尸郎·真慈師.

들의 자율적인 심신 수련 단체로 내려왔던 풍월도(風月道)를 국가적인 기관으로 확대 발전시켜서 가장 우수한 화랑을 뽑아서 국선(國仙)으로 임명하였는데 이것은 "국가에서 뽑은 대표 화랑"이라는 뜻이다. 풍월도 또한 "밝달길=倍達道"를 말하는 것이다.

강화도에는 삼랑성(三郎城)이라 불리우는 정족산성이 남아있는데 그것은 단군의 세 명의 아들인 부루, 부소, 부여가 쌓은 성이라고 한다. 그런데 이들을 '(花)郞'이라고 부르고 있다. 이것을 보면 이미 단군왕검 시대에 화랑이 존재하였음을 알 수 있다. 신채호 선생은 "삼랑의 역사 오직 이 성하나 쌓은 것 뿐이지만 신라, 고려 때에는 다 삼랑사(三郎寺)를 지어 삼랑을 숭배하였다"고 하였으며, 이것은 곧 신라의 화랑이나 고구려의 선인(仙人)이 다 삼랑(三郎)에서 연원한 것이라고 하였다.[110]

그리고 북부여기 상에 해모수(解慕漱)에 대해서 빛나는 눈빛과 용맹 자태로 사람들이 천왕랑(天王郎)이라 우러렀는데, 머리에는 오우관(烏羽冠)을 쓰고 허리에는 용광검(龍光劍)을 찼으며 오룡거(五龍車)를 타고 다녔다고 한다.

『태백일사』삼신오제본기에 "원화(源花)는 여랑(女郎)을 말하고, 남자를 화랑(花郎) 또는 천왕랑(天王郎)이라고도 하니, 임금의 명령에 의하여 까마귀 깃털이 달린 모자(烏羽冠)를 하사 받았다."고 하여 북부여를 세운 해모수 또한 천왕랑이라고 불렸던 화랑이었음을 알 수 있다. 이러한 오우관은 부여, 고구려, 신라, 가야를 거쳐서 발해시대의 금동관 모습으로도 끊임없이 전해져 오고 있다. 시베리아, 몽골, 아메리카인디언 등의 샤먼들도 머리에 새깃털을 꽂고 있는데 특히 투바공화국의 샤먼은 머리 위에 새를 얹혀져 있다. 이것의 시원적 형태가 흉노의 금관에서 잘 나타나고 있다.

---

110) 신채호, 앞책, p.114.

① 발해 ② 고구려 ③ 흉노 ④ 가야 ⑤ 투바(러시아) ⑥ 신라

(2) 예악(禮樂)의 발생

① 군자(君子)의 나라

『산해경(山海經)』 9권, 해외동경(海外東經)에 "군자국은 그 북쪽에 있는데, 의관을 하고 칼을 허리에 찬다. 짐승을 잡아 먹으며 두 마리의 큰 호랑이를 그 곁에 두어 부리고 있다. 그 사람들은 서로 양보하기를 좋아하여 싸우지 않는다."고 하였다.[111] 더구나 『삼국지(三國志)』 동이전 부여조에 "흰색을 숭상하여 흰옷을 입었다"고 하며, 『산해경(山海經)』에도 '백민지국(白民之國)'이라 하여 우리 민족이 '백의민족'이었음을 보여주고 있다.

『설문해자(說文解字)』 권10, 대부(大部), 이(夷)조에 "이(夷)는 동방(東方) 사람

---

111) 君子國在其北, 衣冠帶劍, 食獸, 使二大虎在旁, 其人好讓不爭.(『山海經』 9卷, 海外東經)

이다. 큰 대(大) 자와 활 궁(弓) 자를 합한 것이다."[112]라 하였고, 권4, 양부(羊部) 강(羌)조 "강은 서융으로 양을 키우는 사람이다. 사람 인(人)과 양 양(羊)의 합한 자이다. 남방의 만민은 벌레이며, 북방은 적으로 개이다. 동방은 맥(貉)으로 치(豸)이다. 서방 강은 양이다. 이것이 여섯가지 종류이다. 서남은 북인, 초요로 사람이다. 모두 곤지에 있다. 성품이 순리에 따르지 못한다. 오로지 동이(東夷)는 큰 대로 대인(大人)이다. 이의 습속인 어질고(仁) 어진 이는 장수한다. 군자가 죽지 않는 나라(君子不死之國)가 있다. 공자(孔子)가 가라사대 '도가 행해지지 않으면 바다에 뗏목을 띄워 그것을 타고 구이(九夷)에 가고자 한다.'"고 하였는데, 연유가 있는 말이다.[113]

군자(君子), 대인(大人)이란 우리말로 하면 '선비'로 이것은 조선시대에 과거에 급제하기에 몰두하였던 서생을 뜻하는 것이 아니다. 선비란 고구려시대에는 선인(仙人), 선인(先人) 등으로도 불리웠으며 문무겸비(文武兼備)한 사람을 뜻하는 말이다.[114] 즉 풍류도를 닦던 조의선인들을 일컫는 말이다.

② 동방예의지국

『후한서(後漢書)』 열전, 권85, 동이열전(東夷列傳)에는 "동쪽에 오래된 나라가 있으니 동이(東夷)라 부른다. 그 나라는 비록 크나 스스로 교만하지 않았다. 그 군대는 비록 강하나 남의 나라를 침략하지 않았다. 풍속이 순박하고 후덕하여 길 가는 사람은 서로 길을 양보하고 밥 먹는 사람은 서로 밥을 권하였다. 남녀가 거처를 달리하여 앉는 자리를 함께 하지 않았다. 가히 동방예

---

112) 夷, 東方之人也. 从大从弓.(허신 지음, 단옥재 주, 금하연·오채금 옮김, 『한한대역 단옥재주 설문해자』 제1권, 자유문고, 2016)
113) 羌, 西戎牧羊人也. 从人从羊, 羊亦聲. 南方蠻閩从虫, 北方狄从犬, 東方貉从豸, 西方羌从羊, 此六種也. 西南僰人僬僥从人, 蓋在坤地頗有順理之性. 唯東夷从大, 大人也. 夷俗仁, 仁者壽, 有君子不死之國. 孔子曰道不行, 欲之九夷, 乘桴浮於海, 有以也.(허신, 윗책, 2016)
114) 신채호, 앞책, p.117.

의지 군자국이라고 일컬을 만하다."라고 하였다.[115]

중국인들은 상투를 하지 않았지만 우리 민족은 예로부터 상투를 틀었다. 이것을 증명해주는 유물이 6,000여 년 전 홍산문화의 우하량유적의 고분에서 출토된 옥고(玉箍)라는 '상투꽂이'와 옥으로 된 절풍(折風)이다. 이와 더불어 오한기 초보산유적의 석상과 조개껍질로 만든 인형에서 상투를 한 것을 볼 수 있으며, 부여의 모아산유적과 동단산유적에서 나온 얼굴모양도 상투를 한 모습이다.[116]

▲ 홍산문화의 옥고

이것은 『삼국지(三國志)』 위서(魏書) 30, 동이전(東夷傳), 한(韓)조에 "머리칼을 틀어 묶고 상투를 드러내는데 마치 날카로운 병기(兵器)와 같다."고 표현한 것과 같다. 손성태는 캐나다의 틀린깃족 인디언에

▲ 홍산문화의 절풍

▲ 부여

▲ 홍산문화

▲ 초보산유적

115) 東方有古國 名曰東夷, 其國雖大 不自驕矜 其兵雖强 不侵人國, 風俗淳厚 行者讓路 食者推飯 男女異處 而不同席, 可謂 東方禮儀之 君子國也.(『後漢書』 列傳, 卷85, 東夷列傳)
116) 박선희, 『고조선 복식문화의 발견』, 지식산업사, 2011, pp. 84~92.

▲ 캐나다인디언(손성태)　▲ 아즈텍(손성태)　▲ 한국의 흰옷, 상투, 삿갓

① 몽골
② 만주족
③ 위그루
④ 한국
⑤ 거란
⑥ 인디언

도 상투와 상투꽂이 모자가 있었음을 보여주고 있다.[117]

그리고 고구려에서도 장가를 가면는 상투를 하지만 처녀, 총각들은 뒷머리를 땋는 풍습이 있었는데 이것은 무용총의 벽화에서도 확인되고 있다. 변발은 우리 민족뿐만 아니라 흉노족, 돌궐족, 몽골족, 선비족, 거란족, 위그루, 만주족과 인디언, 일본 등에서도 같은 풍습을 가지고 있었다.

BC 6,200~5,200년 전의 흥륭와유적에서는 동아시아 최초의 옥귀걸이가 나왔는데 이것과 같은 시기에 한국의 강원도 고성군 문암리유적도 같은 것이 나왔는데 둘 다 요녕성 수암에서 나온 옥으로 만들어진 것이라고 한다. 그리고 고대인들이 옥귀걸이를 한 것은 신(神)의 소리를 듣기 위한 것이라고도 한다. 그후 BC 4,000~3,500년 전의 홍산문화는 '옥기시대(玉器時代)'라고 부를 정도로 수많은 옥기가 출토되고 있는 우하량유적 2지점의 석관묘에는 머리, 귀, 입, 가슴, 허리, 엉덩이 부분 등에 옥기를 배치하고 있다. 이것은 구규(九竅)[118]를 틀어 막았던 장례의 기원을 보여주는 것으로, 『포박자(抱朴子)』 대속편(對俗篇)에 "구규에 금과 옥을 두는 것은 즉 죽은 사람이 썩지 않게 한 것이다(金玉在九竅,則死人為之不朽)"고 하였다.

장례문화를 보면 『삼국지』 위서 30, 동이전, 한(韓)조에 "삼한(三韓)은 큰 새의 깃털을 사용하여 장사를 지내는데, 그것은 죽은 사람이 새처럼 날아다니라는 뜻이다."라고 하였다. 그리고 BC 4,000-3,500년전 홍산문화의 우하량유적 제16지점 4호 무덤에서는 머리 위에 옥으로 만든 봉황이 놓여져 있는 것을 보면 우리 민족이 예로부터 그 영혼이 새처럼 하늘로 올라간다고 믿었던 것이다. 그러하기에 지금도 우리는 '죽었다'라는 표현보다 '돌아가셨다'라는 표현을 쓰고 있으며 그 상징으로 칠성판(七星板)에 죽은 자를

---

117) 손성태, 『우리 민족의 대이동-아메리카 인디언은 우리 민족이다』, 코리, 2014, p.69
118) 눈, 코, 귀 등 6개와 입, 항문, 요도 등을 합해 인간이 지니고 있는 9개의 구멍을 말한다.

눕힌다.

　천상병 시인은 〈귀천(歸天)〉이라는 시에서 "나 하늘로 돌아가리라. 아름다운 이 세상 소풍 끝내는 날, 가서, 아름다웠더라고 말하리라"고 읊조리고 있다. 그러하기에 『수서(隋書)』 권81, 열전(列傳) 제46, 동이(東夷), 고려(高麗)조에서 고구려의 장례식은 처음부터 끝까지 곡을 하며 슬피 울다가 장송(葬送)할 때에는 북을 치며 춤을 추고 노래를 부르면서 죽은 자를 떠나 보낸다고 한다.[119] 그러나 조선조에 들어와 교조주의적인 주자학이 성행하면서 곡(哭)

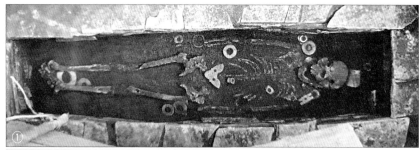

① 홍산문화 우하량유적 2지점 1호
　21번 무덤의 옥기 배치
② 우하량유적의 머리 위 봉황
③ 시신을 눕히는 칠성판

119) 初終哭泣 葬則鼓舞作樂以送之.(『隋書』 卷81, 列傳 第46, 東夷, 高麗)

을 하고 슬퍼하기 시작하면서 우리 민족의 전통적 사생관(死生觀)이 왜곡되고 말았다.

『후한서』 권85, 동이열전에 "동방에 오랜 나라가 있으니 이름하여 동이(東夷)라고 부른다. 소련과 대련이 부모의 상을 잘 치뤄 3일을 게을리 하지 않고 3년을 근신하니 공자가 칭찬하였다."고 한다. 『수서』 권81, 열전 제46, 동이, 고려(高麗)조에 "부모와 남편 상(喪)에는 모두 3년 예복을 입었다."고 하여 부모의 3년상이 우리 민족의 한 갈래였던 동이족의 소련과 대련이 시작한 것이었음을 알 수 있다.

두(豆)라는 그릇을 『삼국지(三國志)』 위서(魏書) 30, 동이전(東夷傳), 부여(夫餘)조에 "음식을 먹고 마심에 모두 조두를 사용하였다(食飮皆用俎豆)"고 하였으

① 용산문화 ② 아라가야 ③ 대문구문화 ④ 부여 ⑤ 홍산문화 ⑥ 하가점상층

며, 심지어는 이들의 한 갈래인 왜인들마저도 "음식을 먹을 때 변두를 쓰고 손으로 먹었다.(食飮用籩豆,手食)"이라고 하였다. 이러한 두(豆)는 제사 음식을 올려놓았던 제기(祭器)로 이미 홍산문화의 우하량유적에서부터 출토되고 있으며, 그 뒤를 이은 하가점하층문화와 하가점상층문화 그리고 부여시대, 삼한시대, 아라가야, 일본의 요시노가리 등에서 연속적으로 나타나고 있다.

특히 동이족의 문화인 중국 산동지역의 대문구문화, 용산문화, 양저문화 그리고 은나라 때까지도 나타나고 있을 뿐만 아니라 갑골문에서도 나타나고 있다. 한국에서는 현재도 제사상에 나무나 유기그릇 등으로 계속 사용되고 있는 중요한 제기이다. 이것은 하느님께 드리는 제물을 땅바닥에 놓을 수 없기 때문에 고안된 것으로 오랜 전통을 지닌 우리 민족의 고유한 예기(禮器)라고 볼 수 있다.

③ 샤머니즘, 암각화, 탈, 석경, 피리, 북

우리나라의 반구대, 천전리, 알터 암각화(岩刻畫) 등은 내몽골, 몽골, 시베리아, 중국 동부연안에서는 동심원(同心圓)을 비롯하여 여러 문양들이 비슷

▲ 고령 장기리 알터암각화의 가면

하다. 이 지역들에는 우리와 같은 샤머니즘(Shamanism)이 퍼져 있는데 고대로부터 신성한 지역에서 하늘에 제사를 드릴 때는 춤과 음악이 사용되었던 것이다. 특히 신을 맞이한 후에는 신과 인간이 같이 기뻐하면서 탈을 쓰고 놀면서 다함께 축제(祝祭)를 벌렸는데 이것을 '마쓰리'라고 한다.[120]

120) 장형업, 「일본 도래계 신사에 관한 연구」, 국제뇌교육종합 대학원대학교 박사학위논문,

이러한 것들이 고령 알터 암각화에 사각의 탈모양의 암각으로 새겨져 있는데 키르키즈스탄 남부 바이체체케이 암각화와[121] 시베리아의 소르그분지의 암각화에도 비슷한 모양이 새겨져 있다.[122]

그리고 흥륭와문화에서 돌가면, 부산 동삼동패총에서 나온 조개가면, 강원구 양구 오산리유적에서 나온 토제가면이 있으며, 백제의 이성산성과 신라의 경주 노서리고분에서 나무로 만든 가면이 출토되었으며 백제가 일본에 전해준 탈이 법륭사(法隆寺)와 사천왕사(四天王寺)에 남아있다. 그리고 우리나라에는 처용무로부터 하회탈춤, 봉산탈춤, 양주별산대놀이, 송파산대놀이, 오광대놀이 등으로 남아 있다.

특히 마한의 목지국터가 남아있는 안성지역에는 마한의 전통춤인 향당

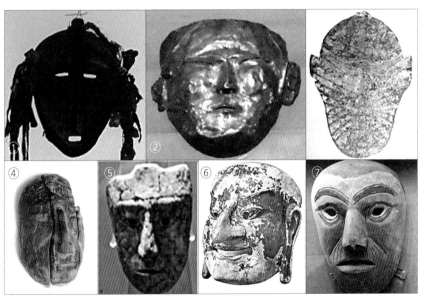

① 바이칼 ② 요(遼) ③ 고구려 ④ 백제 ⑤ 멕시코 ⑥ 일본 ⑦ 체로키인디언

2019, p.10.
121) 「키르키즈스탄 남부 지역의 암각화」, 동북아역사넷(www.nahf.or.kr)
122) 송화섭, 「시베리아 알타이지역의 샤면상 암각화」, 『한국 무속학』 제16집, 2006.

무가 남아있는데, 이것은 일본 구주 궁기현(宮崎縣) 남향촌(南鄕村)에 남아있는 백제춤과 함께 우리 민족의 전통춤을 볼 수 있는 중요한 민속자료로 이 춤들에도 탈춤이 모두 존재하고 있다. 그 외에도 거란족의 요(遼)와 몽골족의 원(元), 멕시코의 팔렝케 마야유적에서도 탈이 발굴되었다. 그리고 부여와 고구려에서도 가면과 함께 사람얼굴 모양의 청동조각이 발견되었다.

시베리아의 샤먼들은 머리에 사슴뿔 형태의 모자를 쓰고 이러한 형태가 우리나라 고대로부터 신라 금관까지 이어지며 더나아가 미국의 일리노이주의 몽크마운드에서도 사슴뿔이 달린 탈이 발견되었다.

서포항유적에서 7,000여 년 전에 뼈로 만든 피리(骨笛)가 출토되었다. 『삼국사기』 백제본기 고이왕조에도 천지에 제사를 지내면서 북과 피리를 사용했다고 기록되어 있는데 한성백제의 제사유적인 이성산성에서 그 당시 사용한 요고(腰鼓)가 출토되어 이러한 사실을 증명해주고 있다. 그리고 구주지역 궁기현 남향촌에 있는 백제촌의 정가왕의 제사에서도 북과 피리를 사용하고 있는 것을 볼 수 있다.[123]

홍산문화의 유적에서는 두 개의 석경(石磬)이 출토되었는데 하나는 길이

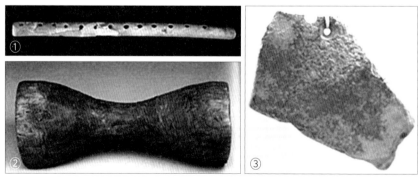

① 뼈피리(세죽리유적) ② 요고(백제의 이성산성) ③ 홍산문화의 석경

123) 오순제, 「이성산성 건축유구의 성격분석」, 『위례문화』 제14호, 2014.

44cm, 넓이 26cm, 두께 5cm이다. 다른 하나는 길이 58cm, 넓이 20cm, 두께 2cm이다. 중국학자들은 앞에 설명한 석경은 낮고 묵직한 음이 나며, 또 다른 하나는 청동종의 소리와 유사하다고 밝혔다. 고조선시대의 석경으로 요령성 조양 수천유적 하가점하층 문화층에서 온전한 모습의 석경이 출토되었다. 요령성 건평현의 이도만자 동남구유적에서도 석경이 발견되었다. 떨어져 나간 부분을 복원하면 대략 1미터 정도의 큰 석경이다. 석경의 몸체 윗부분에 직경 0.6cm 정도의 구멍을 뚫어 끈으로 매달도록 했다. 대략 서기전 2,000년 무렵의 것이다. 요령성 부신시 고대산유형의 물관지유적에서과 요령성 건평현 동북부에 위치한 객라심 하동유적에서도 석경이 출토되었다. 이 유적들의 연대는 서기전 2,100년경으로 고조선 초기에 해당된다.

중국 중원지역에서 발견되는 가장 이른 시기의 석경유물은 이리두 문화유적인 산서성 양분현 도사유적과 하현 동하풍유적에서 출토된 석경이다. 이리두 문화시기는 대개 BC 1,900~BC 1,600년 무렵으로, 만주지역의 석경보다 훨씬 늦은 시기에 만들어진 것이다. BC 14세기 무렵에 해당하는 은나라 무정의 왕비무덤인 부호묘에서 출토된 석경은 다듬어지기 이전의 형태를 보이고 있다. 그 외에 BC 14세기에서 BC 11세기 무렵에 속하는 중국 하남성 안양시 무관촌 은나라의 대묘에서 출토된 석경이 있다. 이러한 내용으로 보면 중국의 석경은 고조선으로부터 영향을 받아 만들어졌다고 하겠다.[124]

④ 용봉문화

우리나라는 봉황을 상징하고 중국을 용을 상징하고 있다. 그러나 우리 민족이 남긴 기원전 5600년 전에 돌을 쌓아 만든 사해문화에서는 중국 최

---

124) 박선희, 「만주 요하문명이 고조선 문명인 까닭」, 〈브레이크뉴스〉, 2012.11.15.

고의 용이 발굴되었다. 더구나 기원전 5,000~4,400년 전의 조보구문화에서는 중국 최고의 봉황 모양의 토기가 출토되었다.

이것들을 보면 우리 민족은 세계 최초로 용과 봉황이라는 상상의 동물을 창조해낸 민족인 것이다. 이러한 전통을 가장 잘 나타내주는 것이 부여 능산리의 백제 왕릉 부근의 능사지에서 출토된 용봉대향로(龍鳳大香爐)이다. 그리고 백제 한성시대의 수도였던 하남시 고골의 이성산성에는 용바위가 남아있으며, 교산동토성의 왕궁지에서는 봉황문기와편이 출토되었고 그 남쪽의 남한산 밑에는 봉황바위가 남아있으며, 백제왕이 하늘에 제사를 드렸던 검단산의 동명묘제단의 제물을 진설했던 바위는 새머리모양을 하고 있다.

더구나 공주 수촌리고분에서 출토된 백제시대의 금동관에도 용과 봉황이 같이 새겨져 있으며, 오사카에 있는 백제계의 오츠카신사(大塚神社)의 정문 위에는 봉용, 아래에는 용이 새겨져 있다. 고구려에서도 봉황장식의 금동판이 출토되었으며, 대가야에서는 용봉환두대도(龍鳳環頭大刀)가 나오고 있다.

이러한 전통은 우리 민족의 한 갈래인 만주족이 세운 청나라의 삼양고궁의 용마루에도 봉황과 용이 같이 새겨져 있으며, 멕시코 국기에도 나타나

▲ 사해문화의 용　　　　　　　　▲ 조보구문화의 봉황

고 있듯이 아즈텍인들은 용과 봉황을 뱀을 잡고 있는 독수리로 변형하여 사용하고 있는 것이다. 심지어는 대한제국의 고종황제가 썼던 관에도 용과 봉황이 새겨져 있어 우리 민족은 줄기차게 봉황과 용을 함께 사용해왔음을 증명해주고 있다.

▲ 오사카 오츠카신사의 봉황과 용

▲ 대가야　　　　　▲ 고종황제의 용봉문투구　　　　▲ 백제
　　　　　　　　　(http://mbiz.heraldcorp.com)

3. 한류문화의 전개

(1) 고분의 향당과 고인돌, 순장제도

우리 민족은 돌을 사용하여 고분을 만들었는데 약 8,000년 전의 흥륭와 (興隆窪)문화의 백음장한(白音長汗)유적에서 발굴된 적석총(積石冢)이 가장 오래된 것이다. 6,000여 년 전인 홍산문화의 우하량유적에서는 대규모의 계단식적석총이 축조되기도 하였다. 이러한 적석총이 고조선시대인 대련의 강상, 누상적석총과 졸본부여와 고구려시대의 적석총이 환인, 통화, 집안 지역에 남아있으며 백제시대와 맥국의 적석총이 한강, 춘천 지역에도 남아 있다. 그리고 동몽골 지역의 흉노무덤, BC 2,500~1,200년 전 시베리아 알타이의 페시체르킨 로그 I (Peshcherkin Log I) 원형적석유구가 있다. 이들과는 달리 BC 6~2세기 알타이의 파지릭고분들은 신라의 적석목곽분과 비

① 홍산문화(우하량) ② 고조선(강상) ③ 알타이 ④ 고구려 ⑤ 흉노 ⑥ 맥국(춘천)

숫하다.

고구려 장군총 위에 있는 향당(亨堂)이라는 건축물이 동이족의 소호릉 위에도 남아있다. 이것은 중산국(中山國)의 왕릉에서도 무덤 위에 향당이라는 건물이 있는 것이 확인되었다. 발해 고분도 정혜공주묘, 정효공주묘, 마적달고분 등의 위에도 묘탑이 남아있다. 이것 또한 불교의 영향을 받아서 향당이 탑으로 변한 것이다. 그 외에도 일본의 많은 전방후원분(前方後圓墳) 위에 신사(神社)들이 존재하고 있다.[125]

그 뿐만 아니라 미국의 일리노이주의 카호키아 마운드(Cahokia Mounds), 조지아주의 에토와 마운드(Etowah Mounds), 웨스트버지니아주의 그레이브

① 소호릉 ② 중산왕릉 ③ 장군총(박진호) ④ 발해의 묘탑(墓塔)
⑤ 전방후원분 위의 신사(일본) ⑥ 미국의 몽크스마운드 위의 목조건물(위키백과)

125) https://blog.goo.ne.jp/noda2601

크릭 마운드(Grave Creek Mound) 유적 등에서 흙으로 축조된 거대한 고분들 위에 목조건물이 지어져 있었음이 밝혀졌다. 특히 카호키아의 몽크스마운드 (Monks Mound)는 높이 28.1m, 길이 291m, 폭 236m로 세계 최대의 피라밋으로 2단이 남아있으나 4단으로 되어 있었을 것으로 추정된다.[126] 그 외에 무덤은 아니지만 메소포타미아의 지구랏과 잉카, 아즈텍유적에서 계단식의 신전 건축물들이 남아있으며, 이집트 최초의 피라밋 또한 계단식 형태이다.

제주도 하루방과 같은 석상(石像)은 흥륭와문화, 홍산문화에서부터 시작되어 백제 미륵사지탑의 석상, 일본 흠명천황릉의 석상, 동몽골의 고리왕 혼촐로, 돌궐의 석상, 알타이의 석상, 러시아의 깁챠크, 볼리비아, 멕시코, 칠레 등에서도 나타나고 있다.

선돌(Menhir)는 한국, 몽골, 알타이, 시베리아, 콜롬비아, 티벳, 인도네시아, 미얀마, 말레이시아, 체코, 독일, 프랑스, 포루투갈, 아일랜드, 중동, 북아프리카 등에 분포되어 있다.

고인돌(Dolmen)은 스페인, 포루투갈, 이탈리아, 영국, 아일랜드, 프랑스, 덴마크, 독일, 스웨던, 벨기에 등 유럽과 발트해, 북해 연안 그리고 에티오피아, 요르단, 러시아, 인도 남부, 인도네시아, 만주, 한반도, 일본 등 유럽,

▲ 흥륭와문화 ▲ 홍산문화　▲ 백제의 미륵사　▲ 흠명천황릉　▲ 제주도

126) https://cahokiamounds.org; https://en.wikipedia.org/wiki/Etowah_Indian_ Mounds ; http://en.wikipedia.org/wiki/Grave_Creek_Mound

북아프리카, 아시아 지역에 6만기 정도가 분포하고 있는데 그중에서도 한반도의 남, 북한 지역에 4만기 정도가 남아있어 전세계에서 가장 많이 분포되어 있다.

특히 전남 화순, 고창과 강화도 등의 고인돌이 2000년 유네스코 세계문화유산으로 등재되었다. 이러한 고인돌은 무덤과 제단을 겸하였던 유적으로 위에는 뚜껑돌 하나가 놓여 있어 하늘을 상징하며, 그 아래에는 받침돌들은 땅을 상징하는 것으로 제사를 드리던 사람까지 합하여 천·지·인을 상징하게 되는 것이다. 박선희는 황북 연탄군 오덕리의 송신동유적과 평양시 용성 구역 화성동의 당모루유적들을 고조선시기에 고인돌을 축조하면서 제의를 행하였던 제단이었을 것으로 보고 있다.[127]

고조선시대의 강상적석총에서는 가운데 주인공을 중심으로 순장된 흔적이 발굴되었다. 가장 잘 남아있는 것은 대가야의 고령 지산동고분으로 왕을 중심으로 신하, 평민, 어린아이까지도 순장되어 있다. 그리고 신라와 일본에도 순장이 행해진 기록이 남아있다. 특히 미국 일리노이주의 몽크스마운드에는 200여 명이 순장당한 것이 밝혀졌다.[128]

▲ 시베리아　　▲ 알타이　　▲ 티벳　　▲ 한국　　▲ 몽골

127) 박선희, 윗글.
128) https://cahokiamounds.org

①	②	① 만주
③	④	② 일본 큐슈
⑤	⑥	③ 알타이
⑦		④ 중국 호복성

⑤ 러시아

⑥ 강화도

⑦ 미국

(2) 화랑도의 시대적 변천

고조선, 북부여를 통해 내려온 화랑제도의 전통은 삼국시대에도 계속되었다. 위에서 언급한 바와 같이 신라의 진흥왕은 화랑제도를 국가제도로 채택하여 확대 발전시켜 나가 통일의 기틀로 삼았다.

신채호 선생은 화랑은 본래 상고의 소도(蘇塗) 제단의 무사로 곧 그때에 '선비'라 칭하던 자로 고구려에서는 조의(皁衣)를 입어 조의선인(皁衣先人)이라고 하였다고 한다. 백제 또한 무절(武節)이라 하였는데 이것이 왜에 전해져 '싸울아비'라는 뜻의 사무라이가 되었다고 한다. 이들은 머리에 깃털을 꽂았는데 고구려의 조의(皁衣)는 까마귀 털을, 신라의 화랑(花郎)은 닭털을, 백제의 무절(武節)은 꿩 털을 꽂았을 것으로 본다.[129]

즉 고구려에서는 신라의 낭도와 같은 조의(皁衣)들의 무리를 이끄는 지도자를 조의선인(皁衣仙人)이라고 불렀으며 이것이 바로 신라의 국선화랑과 같은 것이다.

『태백일사』「고구려국본기」에 살수대첩(薩水大捷)으로 수나라 100만 대군을 물리친 을지문덕(乙支文德) 당시에 고구려에 20만 명의 조의(皁衣)가 있었다고 하며, 연개소문(淵蓋蘇文)은 그의 증조부 광, 조부 자유, 아버지인 태조가 모두 막리지였던 명문가 출신으로 9살에 조의선인이 되었다.[130]

『고려사(高麗史)』권3, 성종(成宗) 12년에 거란의 소손녕이 쳐들어오자 권신들 중에 서경 이북의 땅을 내어 주자고 하니 이지백(李知白)이 반대하여 "경

---

129) 고구려의 고분벽화에는 태양 속에 삼족오(三足烏)라는 세발 까마귀가 나오고 있고, 신라는 계림(鷄林)이라 하여 닭을 신성시 하였으며, 백제는 왜에 흰꿩(白雉)을 보내었는데 일본에서는 그것을 모시는 신사를 건립하기까지 하였다. 그리고 신라계의 효덕천황을 그에 의해서 밀려난 황극천황을 백제 의자왕의 아들들인 부여풍장, 아우 새성, 충승 등이 쿠데타를 일으켜 다시 제명천황으로 옹립할 때에도 백치(白雉)를 가마에 모시고 들어갔다고 표현하고 있어 백제인들이 꿩을 신성시했음을 알 수 있다.
130) 단단학회 편, 앞책, p.108.

솔히 토지를 베어서 적국에 주는 것보다 다시 선왕의 연등, 팔관, 선랑(仙郞) 등의 일을 행하며 타방(他方)의 이법(異法)을 행하지 말아서 국가를 보전하여 태평을 이룩함이 좋지 않겠습니까. 만일 그렇게 하면 마땅히 먼저 신명(神明)께 고한 다음에 싸움하고, 화해하는 것은 임금께서 재단하소서" 하였는데, 『고려사』 권94, 서희(徐熙)열전에 이것에 대해서 "이때에 성종이 화풍을 즐겨 따르니 국인(國人)들이 기뻐하지 아니하는 고로 이지백이 언급한 것이었다"고 하였다. 이것은 성종(成宗)의 모화사상을 질타하면서 화랑을 중흥시킬 것을 말하고 있다.[131]

『선화봉사고려동경(宣和奉使高麗圖經)』 권18, 재가화상(在家和尙)조에는 "재가화상은 가사를 입지 않고 계율도 지키지 않는다. 흰 모시로 만든 좁은 옷에 검은 비단으로 된 허리띠를 두른다. 여자와 결혼하고 아이를 양육한다. 도로를 청소하며 도랑을 파고 성(城)을 짓는 일 등에 모두 종사한다. 변경에 위급한 일이 있으면 단결해서 나아가는데 아주 용감하다. 전쟁에 참여할 때는 누구나 자신의 양식을 싸들고 가기 때문에 국가에서는 비용을 들이지 않고도 전쟁을 치를 수 있다. 전에 거란이 고려에게 패배한 것도 바로 이들 덕분이라고 한다."고 하여 고려시대의 화랑에 대해서 상세히 전해주고 있다.

(3) 기마문화와 등자(鐙子)의 발명

우리 민족은 신라가 반쪽짜리 통일을 이루면서 농경민족으로 전락하고

---

131) 고려는 건국 당시에는 고구려 계통의 무신들이 주축이었지만 과거제도가 실시되고 유교를 장려하였던 성종이후에는 신라 6두품 출신이 대거 등장하였고 특히 김부식 등 사대주의적인 세력들이 정권을 장악하게 되었다. 민족주의적인 국풍파(國風派)는 서희, 이지백 등을 거쳐 윤관, 윤언이, 정지상, 묘청 등으로 이어지지만 묘청의 난이 김부식에 의해 토벌되면서 그 세력이 사그라져 버리고 말았다. 신채호 선생은 이것을 조선 역사상 1,000년래 제1대사건이라고 개탄하고 있다.

▲ 고구려 장수왕이 점령한 지두우(地료于)가 있었던 호륜패이 대초원

말았다. 그러나 고조선, 부여, 고구려, 발해, 여진, 거란 등이 다스렸던 만주 지역을 보면 동북평원(東北平原)과 삼강평원(三江平原)이라는 거대한 평야 지대와 함께 고구려의 광개토대왕이 차지한 과이심초원(科爾沁 草原), 석림곽륵 대초원(錫林郭勒 大草原)과 장수왕이 점령했던 호륜패이 대초원(呼倫貝爾 大草原)이 전개되어 있다.[132]

이러한 거대한 대륙과 대초원 지대를 점령하고 다스리기 위해서는 이동 성이 빠른 말에 의존할 수밖에 없었다. 그러하기에 우리 민족은 한반도로 쪼그라들기 전에는 그 넓은 곳을 말을 타고 휘달리던 기마민족(騎馬民族)이었던 것이다. 말에 쓰이는 도구 중에서 가장 중요

▲ 고구려의 등자

---

132) 고구려가 차지한 만주는 현재 동북삼성으로 요녕성이 145,900㎢, 길림성이 187,400㎢, 흑룡강성이 460,000㎢ 등으로 도합 793,300㎢로 한반도 전체 면적인 221,000km²의 4배에 이르고 있다. 이중에서도 끝없는 일망무제의 벌판인 동북평원의 넓이는 350,000㎢, 삼강평원의 넓이는 약 108,900㎢이다. 여기에 한반도의 북한 지역과 러시아의 연해주와 내몽골의 동부지역인 과이심초원(42,300㎢)과 석림곽륵대초원(203,0006㎢) 일부 그리고 대흥안령산맥을 넘어서 동몽골의 호륜패이대초원(263,000㎢) 남부지역이 포함된 것이 고구려의 강역이었다.

▲ 고구려 강역인 만주와 동몽골 벌판의 지형적 특성

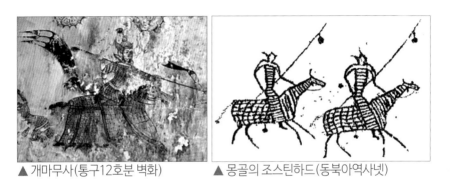

▲ 개마무사(통구12호분 벽화)　　▲ 몽골의 조스틴하드(동북아역사넷)

한 것은 발걸이로 등자(鐙子)이다. 왜냐하면 적을 향해서 칼을 휘두르거나 활을 쏠 때에 정확성을 높혀줄 수 있기 때문이다. 이러한 최초의 고구려 등자는 동아시아를 넘어 아랍, 유럽지역으로 퍼져나갔다.

고구려 기마문화의 특징들을 살펴보면 첫째로 이미 언급한 바와 같이 등자의 발명이다. 둘째는 '조로모리'라 불리우는 'Amble(側對步)' 주법으로 조련된 군마(軍馬)를 사용하였으며 그것을 바탕으로 '파르티안 사법(Parthian shoot)'이라 불리우는 배사(背射)를 구사할 수 있었다.[133] 셋째는 성곽과 기마부대를 혼용하였다. 넷째로는 철갑기마병으로 이루어진 개마(鎧馬) 부대를 사용하여 돌파력을 높였다.[134] 다섯 번째는 징기스칸 부대와 같이 경기병(輕騎兵)을 이용한 원거리(遠距離) 속도전을 구사하였다. 여섯 번째는 맥궁을 사용하여 징기스칸 부대처럼 먼 거리 사격을 하였는데, 특히 말 위에서는 길이가 짧은 단궁(短弓)을 사용하였다. 일곱 번째는 쇠못신발을 사용하여 달

---

133) 무용총 고분벽화에는 말을 타고 사냥을 하는 고구려 사람들의 모습이 있다. 말 앞을 달리는 호랑이를 향해 활을 쏘기도 하지만, 말 뒤쪽에 나타난 사냥감을 위해 몸을 뒤로 젖혀서 쏘는 사람도 있다. 이것은 '배사(背射)' 또는 '파르티안 사법(Parthian shoot)'이라고 부르는 활쏘기로 이것을 익히려면 대단한 연습이 필요하다. 특히 제주도의 말은 고려 후기 몽골 지배시 몽골말을 기르던 것으로 '조랑말'이라고 부르는데 이것은 몽골의 군마(軍馬)인 '조로모리'에서 온 말이다. 이것은 보통의 말들처럼 앞발과 뒷발을 번갈아 뛰는 것이 아니라 같은 쪽의 앞, 뒷발이 같이 나가는 특이한 보법으로 활의 흔들림이 없게 하는 방법으로 훈련된 말들만이 할 수 있는 보법으로 'Amble(側對步)'이라고 한다. 이것의 교습은 먼저 같은 쪽의 앞·뒷다리를 가죽 끈으로 묶고 다른 보폭을 취하면 넘어지도록 하는 방법을 통해 이루어진다. 원래 이 보폭은 부자연스러운 것이기 때문에 일정 수준에 이르지 못한 말은 달릴 때 이 보폭을 잊어버리는 일이 잦다. 그럴 경우 기수는 다시 가죽 끈을 걸고 훈련을 시켜야 한다. 끊임없이 주의를 기울여 계속 반복하는 동안 말은 이 보폭을 숙지하게 되고 사람이 안장에 앉으면 말은 의식적으로 이 보폭을 취하게 된다. 달릴 때 상하의 진동이 없이 아주 매끄럽게 달리는 이 주법을 구사하는 말들을 몽골에서는 '조로모리(Jiruga mori)'라고 불렀던 것이다. 고구려인들이 구사했던 배사는 이러한 조건이 갖추어져야만 쏠 수 있는 것으로 몽골기병과 고구려에게만 있는 특수한 비법이다.(박원길, 「제주 습속 중의 몽골적인 요소-조랑말의 뜻과 제주 방언 등의 사례를 중심으로-」, 『제주도연구』 28권, 제주학회, 2005, pp.222~225)

134) 몽골 서북부 조스틴하드의 암각화에도 5~7세기의 유연족으로 추정되는 2명의 개마무사가 새겨져 있다.(「몽골 서북부지역의 암각화」, 동북아역사넷(www.nahf.or.kr)

려드는 보병들을 차버렸다. 여덟 번째는 평야지대와 산악지대를 아울러 보유하고 있었던 고구려는 중장기병인 철기(鐵騎)와 경기병인 보기(步騎)를 모두 보유하고 있어서 상황에 따라 이것들 따로 사용하거나 같이 투입하는 등 지리적 조건이나 전투의 상황에 맞추어 운용하였다.[135]

(4) 맥궁(貊弓)의 우수성

우리 민족은 예로부터 활을 잘 쏘는 민족이다. 중국에서 우리 겨레를 일컫던 이(夷)라는 글자로 큰 대(大)와 활 궁(弓)이 합해진 글자라고 하였다. 그리고 이러한 동이족에 속하였던 예는 하늘의 태양이 너무 많으므로 활을 쏘아 하나만 남기고 없애버렸다고 한다. 그리고 고구려를 세운 주몽은 부여말로 '활을 살쏘는 사람'이라는 뜻이다.

▲ 고구려 무용총벽화

---

135) 오순제, 「고구려 기마문화의 역사적 의미와 계승 발전시킬 문화적 교훈」, 『한국문화안보연구원 학술세미나-한국의 말과 전통 기마문화-』, 한국문화안보연구원, 2018.9.

천하를 제패한 당 태종이 100만 대군을 이끌고 고구려를 쳤다가 안시성주 양만춘이 쏜 화살에 눈알을 잃고 200여 리의 진창길인 요택을 허우적거리다가 북경지역에 이르러 이미 그곳을 점령한 연개소문의 덫에 걸려 헤매이다가 아버지를 구출하려온 태자에게 간신히 구출되어 되돌아가서 다시는 고구려를 치지말라고 유언하고 그 독이 뇌에 퍼져 죽고 말았다. 조선을 건국한 태조 이성계 또한 활을 잘쏘기로 유명한 장수로 황산전투에서 용맹한 아지발도라는 왜군 장수의 허점을 노려 명중시킴으로써 왜구를 섬멸하였다. 지금도 올림픽에서 여자 단체전 8연패라는 쾌거를 기록한 것은 이와 같은 조상의 위대한 유전자가 발동하고 있기 때문이다.

우리의 활은 탄력성이 매우 높아 1000보(步)를 날아갔다고 한다.[136]

『삼국사기』에 신라를 도와 백제, 고구려를 멸망시킨 당나라가 활을 만드는 기술을 전수해줄 것을 원하여 구진천(仇珍川)을 보내주었다. 그가 당나라에 가서 만든 쇠뇌는 겨우 40m밖에 나가지 않았다. 고종이 그 이유를 묻자 현지의 재료가 불량해서라고 대답했다. 당나라는 다시 신라에서 재료를 구해 와서 고쳐 만들도록 했다. 이번에는 80m 정도 화살이 날아갔다. 구진천은 이번에는 신라에서 나무를 가져오면서 바다를 건넜기 때문에 나무에 습기가 배어서 그럴 것이라고 말했다. 당나라 고종은 그가 일부러 엉터리 쇠뇌를 만든 것을 의심하여 만약 제대로 만들지 않으면 무거운 벌을 내리겠다고 위협까지 했지만 그는 결코 그 재주를 보여주지 않았다고 한다.

---

136) 1보(步)는 춘추전국시대에는 주척(周尺)으로 5~6척(尺)이었는데, 한국에서도 이에 따랐으며 세종 26년 이후에는 1보는 6척으로 되었다. 그 후 『속대전』, 『대동지지』에는 1보가 6척으로 1.818m이므로, 1000보는 1818m가 된다. 국궁(國弓)에서 과녁까지의 거리는 120보(步)로 144m이므로 1보가 1.2m 됨으로 이것으로 환산하게 되면 1000보는 1200m가 된다. 즉 1㎞가 훨씬 넘는 거리였음을 알 수 있다.

(5) 씨름, 수박, 태권도

고구려의 각저총에는 씨름를 하는 사람이 그려져 있는데 그중에 한 사람은 메부리코를 한 서역인이다. 이러한 씨름이 일본, 몽골, 중앙아시아, 터어키, 헝가리까지 퍼져 나갔다. 그와 더불어 수박희(手搏戲)가 그려져 있는 무용총 벽화도 있다. 그리고 조선시대의 민화와 사진자료에도 어린 소년들이 택견을 하는 모습이 전해지고 있고, 현재에도 태권도(跆拳道), 택견 등으로 전해지고 있다.

일본에는 가라데가 남아있는데 그 기원지는 오키나와이다. 현재 가라데(唐手)는 가야에서 전해진 무술로 추정된다. 왜냐하면 일본의 구주에는 가라쯔(唐津)라는 항구가 있는데 그것은 "가야인들이 도착한 나루터"라는 뜻이다. 더구나 그 부근에는 현재에도 이 지역에는 '가야산(可也山)'이 남아있는데 이것은 가야인들이 먼 바다에서 이곳을 지표로 삼아 항해해 왔기 때문

① 고구려 무용총의 수박(手搏)
② 택견(김중군의 다쾌도)
③ 일본의 스모

① ② ③

에 붙여진 이름이다. 이것은 출발지로 사용된 소가야 지역이었던 거제도의 가라산도 같은 역할을 하였던 것이다. 그리고 대가야에는 오키나와에서 나온 보배조개로 만든 국자가 발굴되어 가야와 오키나와의 류구(琉球) 사이에 교류가 있었음을 보여주고 있어 이러한 사실을 증명해주고 있다.

태권도는 우리나라의 국기로 올림픽의 종목으로 채택되기도 하였으며, 이제는 전세계로 퍼져 나가 K-Pop과 함께 우리 문화와 언어를 전파하는 중요한 역할을 하고 있다. 중국의 어머니들은 태권도장에 자기의 아이들을 보내기를 좋아하는데 그 이유는 그곳을 다니는 아이들이 매우 예절 바르고 부모님의 말씀을 잘 듣는 예절바른 아이가 되기 때문이라고 한다.

(6) 우수한 종교문화

『삼국사기(三國史記)』권4, 신라본기(新羅本紀), 진흥왕(眞興王) 37년(576)조에 인용된 최치원의 난랑비서문(鸞郎碑序文)에는 "우리나라에 현묘한 도가 있으니, 말하기를 풍류라 한다. 이 종교를 일으킨 연원은 선사(仙史)에 상세히 실려 있거니와, 근본적으로 유(儒), 불(佛), 선(仙) 등 삼교(三敎)를 이미 자체 내에 지니어, 모든 생명을 접하여 저절로 감화시킨다. 집에 들어온 즉 효도하고 나아간 즉 나라에 충성하니, 그것은 노사구[魯司寇: 공자]의 교지(敎旨)와 같다. 하염없는 일에 머무르고, 말없이 가르침을 실행하는 것은, 주주사[周柱史:노자]의 교지와 같다. 모든 악한 일을 짓지 않고 모든 선한 일을 받들어 실행함은 축건태자[竺乾太子:석가]의 교화(敎化)와 같다."고 하였다.[137]

공자(孔子)의 유교는 요(堯), 순(舜)의 사상을 집대성한 것이라고[138] 하였으

137) 國有玄妙之道曰風流, 說敎之源備詳仙史, 實乃包含三敎接化群生, 且如入則孝於家出則忠於國, 魯司寇之旨也, 處無爲之事行不言之敎, 周柱史之宗也, 諸惡莫作諸善奉行, 竺乾太子之化也(『三國史記』卷4, 新羅本紀, 眞興王 37年)

138) 儒家者流, 蓋出於司徒之官, 助人君順陰陽明敎化者也. 遊文於六經之中, 留意於仁義之際, 祖述

며, 『맹자(孟子)』이루장구하(離婁章句下)에서 "순임금은 동이사람이다(舜東夷之人也)"라고 하였다. 그러므로 요임금 또한 황제헌원의 후손이며 제곡고신의 아들로 동이족이다. 더구나 공자는 노나라 사람이 아니라 본시 송나라 사람인데 이곳은 주 무왕이 은나라를 멸망시킨 후 은나라의 왕족인 미자를 송나라에 봉했던 것이다. 따라서 은나라가 동이족임으로 공자 또한 그 혈종이 되는 것이다.

노자의 『도덕경(道德經)』 제42장에 "도는 하나를 낳고, 하나는 둘을 낳고, 둘은 셋을 낳고, 셋은 만물을 낳는다.(道生一, 一生二, 二生三, 三生萬物)"고 하여 천부경의 사상과 통하고 있다.

동이족은 주로 중국의 산동반도를 중심으로 한 동부해안 지역에 자리잡고 살았다. 그중에서도 대문구문화에는 상형문자가 새겨진 토기 중에서 태양이 산 위에서 떠오르는 모양을 그린 글자가 있다. 여기에서 산은 태산을 상징하는 것이다. 즉 이곳의 회이, 서이, 도이, 우이 등의 동이족들은 태산에 올라 하늘에 제사를 드렸던 것이다. 그 후 진시황이 통일을 이룩하고 황제를 칭하면서 자기의 권위를 만천하에 과시하고자 태산에 올라 제사를 드리게 되었으니 그것이 봉선(封禪)의식이며 그 연원은 동이족이 된다.

인도의 인더스문명을 일으킨 드라비다족은 현재 인도를 이루고 있는 아리안족에 의해 남부지역으로 밀려나게 된다. 아리안족은 카스트제도와 브라만교를 가지고 있었지만, 불교는 카스트제도를 타파하고 평등주의를 주장하였다. 석가족은 아리안족이 아닐 가능성이 매우 높다. 석가모니에 의해 생겨난 불교가 중국을 거쳐 우리나라에 전파되어 오는 동안 고구려 소

堯舜, 憲章文武, 宗師仲尼(『漢書』, 卷30, 藝文志) ; 孔子之謂集大成, 集大成也者金聲而玉振之也(『孟子』, 卷10, 章章句下)

수림왕은 아도에 의해 중국화된 격의불교(格義佛敎)[139]를 받아들이게 되었다.

그러나 백제는 인도의 간다라 지역에서 출발한 마라난타(摩羅難陀)에 의해 인도불교를 직접 받아들이게 된 것이다. 그 후 백제 무녕왕은 겸익(謙益)을 바닷길을 통해 인도에 파견하여 불경을 구해오도록 하였다. 그는 인도에서 공부를 하고 불경을 구해 성왕 때에 되돌아 경전을 편찬하였다.

우리는 신라로 되돌아오지도 못한 혜초는 알고 있으나 겸익은 잘 모르고 있다. 한성백제의 도읍이었던 하남시 고골의 천왕사(天王寺)[140]에서 우리나라 최초의 목탑심초석이 발견되었는데『고려사(高麗史)』,『고려사절요(高麗史節要)』,『조선왕조실록(朝鮮王朝實錄)』에서는 이 목탑에 마라난타스님이 인도로부터 모시고 온 부처님의 진신사리(眞身舍利)가 모셔져 있었다고 기록되어 있다.

신라 말기에 선종이 전해지면서 교종과 하나로 만들기 위한 천태종, 조계종 등이 나타나게 된다. 현재 우리나라는 선을 중심으로 교를 하는 조계종이 주종을 이루고 있다. 그러나 중국은 주로 선종이고, 일본은 주로 교종인 것에 비하면 우리 민족만의 독특한 불교문화를 꽃피운 것이다. 특히 호국불교(護國佛敎)는 풍류도의 영향권에 들어있는 우리나라 불교만의 독특한 특징이라고 볼 수 있다. 왜냐하면 불교는 불살생(不殺生)을 부르짖기에 인도(印度)의 나란다(Naranda)대학에 있었던 2만여 명의 승려들은 외적이 쳐들어왔을 때 아무런 저항도 하지 않고 죽어갔다고 하였기 때문이다.

---

139) 구마라집(鳩摩羅什)에 의해 불경이 번역되면서 인도의 불교를 중국의 도교와 비교하여 중국화 시킨 불교를 말한다.
140) 천왕사는 백제의 하남위례성과 사비도성에 있었다. 그 외에 부수도로 사용되었던 익산에는 왕궁 옆에 제석사(帝釋寺)라는 이름으로 존재하였다. 이 절들은 말 그대로 우리 민족이 섬겨왔던 '하느님을 모신 절'인 것이다.

(7) 우수한 음식문화

유목민족은 늘 이동성을 하기 때문에 솥을 말에 싣고 다녀야 하는데 그 것이 바로 청동 또는 철로 만든 동복(銅鍑)과 철복(鐵鍑)이다. 이것은 몽골, 한반도, 중앙아시아, 터어키, 헝가리, 불가리아 등에서 출토되고 있다.

유목민족들은 치즈, 요구르트, 마유주(馬乳酒) 등 발효식품을 만들어서 먹었다. 그 중에서도 우리 민족은 된장, 김치 등의 발효식품을 만들었는데, 콩(豆)은 우리 민족의 터전인 만주와 한반도가 원산지이다.

『삼국지』 위서 동이전 고구려조에 "그 나라 사람들은 깨끗한 것을 좋아하며, 된장과 술을 담그는 것을 좋아한다(其人絜淸自喜 善藏釀)"고 하였으며, 덕흥리고분의 묵서에도 "아침에 먹을 염시(鹽豉)를 한 창고분이나 두었다"라고 되어 있다.[141] 유득공의 『발해고(渤海考)』에서는 책성(柵城)의 된장(豉)을 발해시대의 특산물로 언급하고 있다.[142] 그리고 937년에 저술된 일본의 『화명초(和名抄)』에서는 가루로 된 말장(末醬)을 고려장(高麗藏)이라고 표기하고 "미소(みそ)"라고 부르고 있다.[143]

더구나 우리 민족이 즐겨먹는 '불고기'는 고구려시대부터 '맥적(貊炙)'이라

▲ 부여의 동복 ▲ 흉노의 동복 ▲ 선비의 동복 ▲ 가야의 동복

---

141) 박유미, 『고구려음식문화사』, 학연문화사, 2017, p.191.
142) 유득공 지음, 송기호 옮김, 『발해고』, 홍익출판사, 2000, p.125.
143) 박유미, 앞글, p.193.

고 불렸던 음식으로 이제는 김치, 비빔밥과 더불어 전 세계인들이 즐겨먹는 대표음식이 되었다. 그 외에도 식혜, 막걸리, 고추장, 젓갈 등 많은 발효식품을 먹고 있다. 특히 일본의 술은 일본서기에 왕인박사와 함께 백제에서 건너온 수수호리가 전해준 것이라고 하였다. '사케'라는 말은 우리나라의 '식혜'에서 나온 것으로 보인다.

(8) 온돌문화의 우수성

우리 민족의 주거문화에서 가장 특징적인 것은 온돌이다. 신석기시대의

▲ 신라의 기마인물상의 동복

함경북도 웅기군 서포항패총유적에서 처음 발견되어 청동기시대의 세죽리, 노남리유적에서 'ㄱ' 자 형 외골구들이 출토되고 있다. 이것이 발전되어 가야시대의 지리산 칠불암의 아(亞) 자 방 온돌은 한번 불을 때면 한달 동안 따뜻했다고 한다.

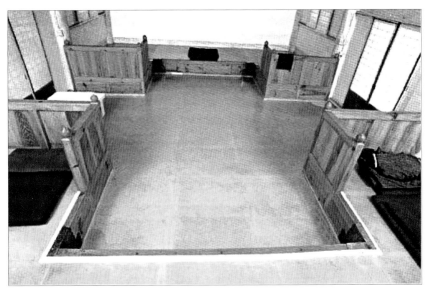

▲ 지리산 칠불암의 아자방

▲ 세죽리유적의 온돌

이러한 온돌이 연해주의 발해유적, 일본의 발해사신이 머물던 유적, 요나라 시대에 끌려간 발해유민들이 살았던 몽골의 친톨고이, 이볼가유적 등에서도 나오고 있으며 심지어는 알래스카 알류샨열도의 아막낙섬에서 3000년 전의 주거지유적에서도 온돌이 발굴되었다.

(9) 누에치기

6000여 년 전의 홍산문화에서는 옥으로 만든 누에모양의 옥잠(玉蠶)이 출토되었다. 이것은 그 당시에 우리 민족이 누에를 쳤음을 증명해주는 유물이다. 우리 민족은 요서지역

▲ 옥잠(『牛河梁玉器賞析』, p.101)

에서 화북, 화중, 화남평원으로 이어지는 중국 동부연안의 해안지대를 따라 내려가면서 대문구, 용산, 하모도문화 등을 일으켰다. 그러므로 현재 절강성 소주, 항주의 비단들은 이러한 누에치기가 중국으로 전해진 것이다.

박선희는 고조선시대에 이미 비단과 면섬유를 생산하였고 동아시아 최고의 직조기술을 가지고 있었다고 주장하고 있다. BC 3000년 전경의 호남리유적의 토기 밑바닥에 뽕잎무늬가 있으며, 남경유적, 모래산유적, 서포항유적, 공귀리유적 등에 그려진 것은 산뽕나무잎과 흡사하고, 지탑리유적의 토기에는 메뽕누에가 새겨져 있다고 하였다. 그리고 발해에서도 비단과 면섬유가 생산되었음을 보여주고 있다.[144]

---

144) 박선희, 앞책, pp.222~223.

(10) 윷과 바둑

윷은 우리의 고유명절인 정월, 추석 등에 지금도 행해지는 민속놀이로 현재는 네모난 형태를 하고 있으나 필자가 마한 지역을 조사해보니 바위 위에 원형의 윷판이 그려져 있는 것을 발견하였다. 이것은 부여시대의 오가제도였던 사출도(四出道)를 상징화한 것으로 오가(五加)가 다스렸던 오방(五方)을 나타내는 것이다. 이러한 윷판은 현재와 같이 사각형이 아니고 원형으로 마한, 백제, 신라 등에 남아있으며 멕시코, 터어키 등에도 윷놀이가 전해지고 있다.

이것은 중앙의 구멍을 중심으로 4개의 방향에 각각 7개씩 배치되어 있어서 가운데의 것은 북극성 나머지 7개는 북두칠성으로 계절에 따라 이동하는 것을 상징하고 있는 천문도이다.[145] 이것은 고구려 벽화의 천문도뿐만 아니라 국내성에 남아있는 고구려 인물석각의 배부분에 그려져 있는 윷판에서도 증명이 되고 있다.

▲ 마한시대의 윷판

▲ 집안의 고구려인면석각과 윷판(나무위키)

---

145) 김일권, 「한국 윷의 문화사와 윷판암각화의 천문사상」, 『한국암각화연구』 제18집, 한국암각화학회, 2014.

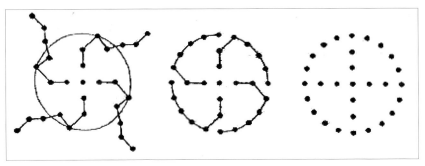

▲ 북두칠성 주천운동에서 윷판으로의 변천과정(김일권)

우리나라의 신선들에 대한 이야기에는 장기가 아니라 바둑을 두고 있었다 전해지고 있다. 이것은 바둑이 우리의 것이라는 것이다. 왜냐하면 일본 황실의 보물창고인 정창원에는 의자왕이 내려준 바둑과 바둑돌이 남아있으며, 장수왕이 바둑을 좋아하는 백제의 개로왕을 치기 위하여 국수였던 도림이라는 승려를 왕실에 침투시켜 바둑으로 친해져 국정을 혼란케 한 다음 공격한 사실이 있다.

바둑은 천부경 등의 한사상을 바탕으로 구성되어 있다. 가로 19줄, 세로 19줄로 361목(目)으로 1년을 상징하는 것이며, 둘레의 72점은 72후(候)를 나타내는 것이다. 그리고 전(田) 자로 만들면 81전(田)이 되는데, 이것은 천부경의 이치인 9×9=81과 같다. 그리고 두집 이상이 되면 못먹는 이유는 천가(天家)와 지가(地家)의 두집이 되기 때문이다. 따먹을 때에는 가운데 것을 먹을 수 있는 이유는 정전법에서 정(井) 자로 구획된 밭에서 가운데의 것은 세금으로

▲ 일본 정창원 의자왕의 바둑

바쳤기 때문이다.[146]

이러한 바둑이 중국, 일본 등지로 퍼져나가 지금도 매우 성행하고 있는데 그 수가 무궁무진하다.

(11) 천하 중심 사상의 확립

우리 민족은 하늘에서 내려온 환웅으로 천손이라는 자부심을 가지고 살아왔다. 전 세계에서 하나님이 택한 백성(Chosen People)이라는 자부심을 가진 이스라엘 민족조차 나라를 잃고 전세계로 흩어져 혼혈화된 민족이 되었다. 그러나 우리 민족은 고조선, 부여, 삼국, 고려, 조선으로 흘러 내려오면서 이 땅을 떠난 적이 없으며 전세계에서 단일민족이라고 부를 수 있을 정도로 순수한 혈통을 지녀왔던 민족이다.

백제는 삼국 중에서 처음으로 강력한 국가로 발돋움한 나라로 근초고왕은 고구려의 평양성을 쳐서 고국원왕을 죽일 정도였다. 그는 한강변에서 황제만이 쓸 수 있는 황색깃발을 펄럭이면서 군사 퍼레이드를 하였으며, 고구려의 공격에 대비하여 한산인 남한산성으로 천도를 하였다. 현재 남한

▲ 남한산성 백제왕궁지의 백제시대 기와와 조선시대 기와

146) 정명악, 『국사대전』, 광오이해사, 1978, p.182~183.

산성 안에서 이 당시의 왕궁터가 발굴되었는데 그곳에 쓰였던 기와장의 무게가 조선시대의 기와(4kg)에 비하여 4배나 더 무거운 20kg을 사용하고 있다. 더구나 그곳에서는 "天主"라는 명문 기와가 나왔는데 그 뜻은 하느님으로 주권을 받은 이 땅의 주인이라는 말이다.[147]

▲ '천주' 명의 백제기와

고구려의 가장 위대한 광개토대왕의 신하였던 모두루묘지명(牟頭婁墓誌銘)에는 "천하 사방은 이 나라가 가장 성스러운 곳임을 알지니(天下四方知此國郡最聖鄕)"라고 천명하고 있다. 이것이 바로 사대주의로 찌들기 전에 우리 민

▲ 모두루묘지명

147) 오순제, 「삼국의 전쟁사를 통해 본 하남시 고골의 이성산성과 남한산성」, 『위례문화』 제17호, 2014.

족이 품어왔던 우리의 천하관(天下觀)이며 그러하기에 당당히 거대한 중국수, 당의 100만 대군을 무찌를 수 있었으며, 그 기백을 이어받은 고려는 거란족, 여진족을 물리치고 세계를 제패한 몽골제국에 당당히 맞서서 싸웠다.

고구려를 계승한 고려(高麗)의 세자가 몽골제국의 쿠빌라이칸에게 항복하러 갔을 때에 그는 "고려는 만리 바깥에 있는 나라로 일찍이 당태종이 친정을 했어도 정복하지 못했는데, 지금 그 나라의 세자가 나에게 왔으니 이는 하늘의 뜻이로다"라고 말하며 매우 기뻐했다고 한다.[148] 즉 고구려는 전 세계를 제패한 몽골제국의 황제도 인정한 우리 민족의 역사상 가장 위대한 국가였다.

---

148) 高麗萬里之國, 唐太宗親征而不能服, 今世子自來, 此天意也 (『高麗史節要』, 卷18, 元宗 元年 3月條)

4. 한류문화의 위기와 극복

이성계는 위화도에서 회군하여 쿠데타를 일으켜 조선을 건국하면서 그와 같이 손잡은 신흥사대부들이 추구해왔던 명(明)나라에 대한 사대정책과 그들이 금과옥조처럼 섬겨온 주자학을 국교로 삼았다. 유교는 공자로부터 시작한 학문이긴 하지만 중국에서는 한나라 때에는 훈고학, 송나라 때에는 주자학, 명나라 때에는 양명학, 청나라 때에는 고증학 등으로 변천하면서 발전해왔다.

그러나 우리나라는 고려 말기에 원나라에서 주자학이 들어온 이래로 지금까지도 오직 주자학으로 일관되어 오고 있다. 양명학이 들어오긴 했지만 강화도에서 몇몇 학자들에 의해 전수 되었을 뿐이다. 사변적이고 공리공담을 일삼던 주자학보다 지행합일(知行合一)을 부르짖는 양명학(陽明學)이나 실사구시(實事求是)의 실학(實學)이 꽃피웠더라면 우리나라가 망국의 길로 들어서지는 않았을 것으로 본다.

그러나 주자학이 만들어준 병폐는 지금도 '다름'과 '틀림'을 혼돈하여 다른 것은 틀린 것으로 오해하여 주자학처럼 사문난적으로 몰아붙이고 있는 것이다. 좌파는 우파를, 우파는 좌파를 타도 대상 내지는 없어져야 할 사람들로 몰아가고 있다. 더구나 시류에 편승하는 소인배들과 모리배들까지 정치판에 등장하고 있으니 말이다. 어떤 외국인이 한국의 기술은 세계 최고이지만 정치는 최하위라고 말한 것을 귀담아 들어야 한다.

세계사에 있어서 문화란 홀로 존재하는 것이 아니고 서로 영향을 주고받는 것이다. 일반적으로 문화(Culture)는 핵심문화(Core-Culture)와 주변문화

(Sub-Culture)로 구성되어 있다. 핵심문화란 오랜 세월 형성되어온 그 민족만의 고유한 문화이다. 그러나 이것은 매우 단단하기에 다른 민족의 핵심문화와 만나게 되면 충돌이 일어나며 전쟁과 같은 비극적인 사건들이 벌어지게 되는 것이다. 그러하기에 매우 부드러운 주변문화(周邊文化)가 딱딱한 핵심문화를 감싸고 있는 것이며, 이것은 매우 유연하여 다른 문화를 만나도 그대로 흡수하게 되는 것이다. 그러므로 서로 충돌하지 않고 세계가 평화롭게 공존할 수 있게 되는 것이다.

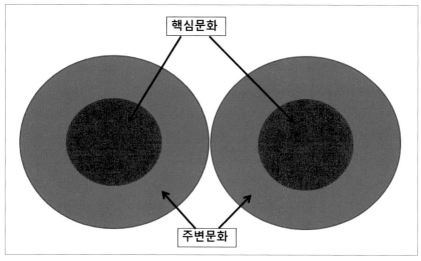

▲ 정상적인 핵심문화와 주변문화

그러나 어떤 민족의 문화가 주변문화로만 이루어져 있으면 그 민족 고유의 색깔을 낼 수가 없는 흐물흐물한 해면조직이 되어 버리는 것이다. 핵심문화(核心文化)란 주변문화로 들어온 것들 중에서 삼투압(滲透壓)과 같이 취사선택(取捨選擇) 하면서 그 핵심문화를 키워가는 것이다.

예를 들면 미국은 여러 민족들이 이민와서 모여 만든 잡종들의 문화이다. 그러하기에 민족은 없지만 200여 년의 짧은 역사 속에서 그들만의 색깔을 가지는 '미국문화'라는 것을 만들어 내고 있으며 세계를 주도해 나가고 있는 것이다. 그것은 교육을 통한 기술과 정치적 파워이다. 또 다른 예는 로마제국이다. 그들은 고유의 철학과 사상은 없었지만 그리스신화, 철학 등을 자기의 것으로 만들고 그것을 바탕으로 정치력과 기술을 가지고 지중해세계 전체를 다스렸던 것이다. 그러하기에 팍스로마나(Pax Romana), 팍스아메리카나(Pax Americana)라고 말하는 것이다.

　역사에서 가장 위험한 것이 단절이라는 것이다. 우리 민족은 일제치하(日帝治下) 35년간 뼈져린 단절(斷絶)을 감내해 왔다. 일본제국주의는 이 기간 동안 '조선어학회 사건'을 통해서 한글학자들을 탄압하고 우리의 말과 글을 쓰지 못하게 하였으며, 〈조선사편수회(朝鮮史編修會)〉를 통해서 역사를 말살하고 더 나아가서는 신사참배와 창씨개명(創氏改名)을 통해서 우리 민족을 말살하고 우리의 핵심문화를 잘게 쪼개어 분쇄하여 말살하려고 하였다.

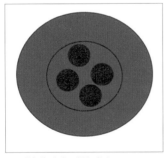

▲ 현재의 응집(凝集)　　　▲ 일제하의 분화(分化)

　해방의 기쁨도 잠깐 좌, 우로 나누어진 정국 속에서 미군정기(美軍政期)를 거치면서 일제하에 설쳤던 친일파(親日派)들이 다시 안주하게 되었고 이승만 정부가 들어서면서 이들이 정치, 경제, 문화, 언론, 종교 등 모든 분야를 장악하면서 민족주의자들을 공산주의로 몰아 숙청해버렸다. 이러한 친일파들에 의해 다시 한번 왜곡(歪曲)된 우리의 핵심문화를 미군정(美軍政) 이후에는 미국의 가장 저급한 양키문화였던 GI(美軍)문화가 덮어버렸다.

사람이 먹고 살만하면 족보를 찾는다고 한다. 뿌리(Roots)라는 영화에서 미국의 흑인이 자기의 조상을 찾아 아프리카까지 가는 것을 볼 수 있다. 구한말에 돈을 번 장사꾼들은 몰락한 양반들의 족보를 사서 몰래 입적하여 양반 행세를 한 것이 '양반전(兩班傳)'에 잘 묘사되어 있다.

우리 민족도 박정희 정부의 경제개발로 먹고 살만해지면서 우리 고유의 것들에 대해 생각하기 시작하였는데, 그 시기가 70~80년대이다. 그러나 독재정권의 횡포, 민주화의 열망과 홍수처럼 밀려들어 오는 외국문화로 이미 쪼개져 버린 핵심문화가 견디질 못하여 아사 직전까지 가게 되었다.

그러나 필자의 젊은 시절에 진정으로 조국과 민족의 앞날을 걱정하는 의식있는 자들은 배가 고파도 외국의 기술을 익히고, 철학을 논하였으며 〈국사찾기협의회〉[149], 〈맥이민족회(貊夷民族會)〉[150] 등의 활동을 통하여 우리 민족의 참모습을 찾아보고자 몸부림치면서 치열하게 살아왔다. 그로 인하여 다시 아사 직전의 핵심문화가 핵을 중심으로 다시 뭉쳐들기 시작하였고 이제

---

149) 안호상, 유봉영, 이유립, 임승국, 박창암, 박시인, 문정창 등이 결성한 단체로 민족사관 정립을 위하여 국회에서 〈국사청문회〉를 열게 하였고, 남산도서관에서 주말마다 청소년들을 대상으로 역사강좌를 개최하였으며, 『자유』를 통해서 민족사관에 입각한 여러 논문들을 게재하였다.

150) 오순제, 한희창, 김성호, 박계형, 김용규, 김진희, 조강용, 경소영 등이 모여 단재 신채호와 위당 정인보의 민족사학(民族史學)을 계승하고 대중화시키는 것을 목표로 1988년에 결성된 민족청년단체로 인사동을 중심으로 활동하였으며 《國學》이라는 기간지를 발행하였다. 오순제 박사가 역사대중강좌와 역사유적답사 등을 실시하였으며, 특히 제정구 국회의원과 함께 황국신민화 정책의 일환으로 이름 지어진 〈국민학교(國民學校)〉라는 명칭을 고친 것과 이완용 후손 재산환수 저지를 위하여 파고다공원, 인사동 등에서 대대적인 서명운동을 전개하고 국민청원을 국회에 제출하여 현재와 같이 〈초등학교(初等學校)〉로 바꾸게 하였다. 이와 더불어 백제문화연구회의 한종섭 회장이 하남시 고골에서 찾은 백제 하남위례성의 정도(定都) 2000년을 기념하기 위하여, 백제 한성시기의 왕들이 하늘에 제사를 드렸던 동명묘 제단유적을 찾아낸 하남시의 검단산(黔丹山) 정상에서 1992년 10월 3일에 오순제 박사의 강의와 더불어 〈동명대제(東明大祭)〉를 성대히 거행하였다.(《동명대제-백제 하남위례성 정도 200년 기념-》, 맥이민족회, 1992)

는 뜻있는 대중들을 중심으로 일부 몰지각한 부패하고 이기적인 지도층을 제외하고는 우리의 것을 찾고자 열망하고 있다. 그러나 신채호, 김구, 안창호와 같이 걸출한 정신적 지도자가 없기에 좌, 우로 나누어져 표류하고 있는 것이 현실이다.

5. 한류문화의 미래 비젼

한류가 성공할 수 있었던 저변에는 세계를 동시간대로 묶어주는 IT의 힘이 컸다. 우리나라는 전 세계에서 가장 잘 갖추어진 기간통신망 등 정보통신산업 기반시설을 통해서 우리의 문화 콘텐츠를 실시간으로 전 세계로 전파할 수 있었기 때문이다. 한류는 기획적으로 만들어진 것이 아니라 비약적인 경제 발전을 이룩해오는 과정 속에서 우리 스스로는 의식하지 못하고 있는 가운데 문화적(文化的) 잠재력(潛在力)을 키워왔던 것이다. 늘 우리는 우리문화를 '이류(二流)' 또는 '국내용(國內用)'으로 평가절하 하였지만, 그 반면에 대중문화를 중심으로 전 세계 사람들과 공유(共有)할 수 있는 코드(Code)와 공감적인 이야기들을 만들어내기 시작했다.

1980~90년대가 되면서 대중들의 기호는 명확해지고, 이에 발맞추어 군소 연예기획사들을 위시한 연예산업(演藝産業)이 등장하였다. 역동적인 시장상황은 콘텐츠의 질적 경쟁으로 전환되어 가고 있다. 이러한 과정에서 한류콘텐츠는 철저히 대중의 선택과 냉정한 평가에 의해 단련되어 갔다. 우리 민족이 전세계에서 유일하게 '한글'이라는 독특한 언어를 만들어낸 창조력(創造力)을 갖춘 민족으로써의 저력을 바탕으로 결국 기호를 파악하여 대중을 감동시키게 되었고 더 나아가 현재는 전 세계를 감동시키고 있는 것이다.

우리나라의 K-Pop과 싸이의 말춤이 세계를 휩쓸었고 지금은 세계의 젊은이들이 방탄소년단(BTS)에 열광하고 있다. 이들의 군무는 빠른 박자의 전개와 더불어 현란한 춤사위로 세계의 젊은이들을 열광시키고 있다. 그런데 이들의 춤은 모방이 가능하여, 그것을 통해 대중들 개인들이 새로운 자기를 직접 경험하면서 스스로 충족을 하게 되고 또 그 만족감을 남에게 전파하게 되면서 점점 확장시켜 나가는 특징을 가지고 있다. 즉 지금까지 관객으로 피동적인 것이 아니라 전세계인 자신들이 주체가 되어 능동적으로 참여하게 되어 재창조(再創造)를 하게되는 것이다. 이것이 한류가 가지고 있는 잠재력(潛在力) 가운데 가장 중요한 핵심(核心)이다.[151]

이것은 『후한서(後漢書)』 열전, 권85, 동이열전 고구려조에 동맹이라는 축제에 왕으로부터 온 나라의 백성이 참여하여 남녀가 때를 지어 춤추고 노래 부른다고 하였다. 즉 K-pop과 같이 '떼창(群唱)'과 '떼춤(群舞)'을 하였다는 것이다. 특히 싸이의 '말춤(馬舞)'은 우리 속에 들끓고 있는 빠른 템포의 고구려 음악과 기마민족의 주체할 수 없는 흥(興)을 끄집어낸 것이다.

방탄소년단(BTS)은 빌보드 200앨범에서 차트 1위에 올랐는데 이것은 2006년 이래 차트를 차지한 최초의 비영어권 앨범이라고 한다. 이들의 앨

▲ 전세계의 젊은이들이 같이 춤추며 노래하는 K-Pop(https://tv.naver.com/v/5660379)

---

151) 김신, 「코리아 르네상스-공존의 문화로서 한류란 무엇인가」, 『한류 그 이후-한류의 저력과 향후 과제-』, p.226~230.

범에는 10, 20대가 바라보는 삶과 학업, 사회의 압박 등을 호소하는 메시지가 담겨있다고 한다. 이것은 기존의 노래들이 사랑만을 노래해왔던 것과는 달리 세계 젊은이들이 안고 있는 그들의 문제점을 안아주고 힐링해 주는 폭넓은 마음을 보여준 홍익인간 정신의 현대적 발로라고 본다.

몇 해 전 외교전문지인 《Foreign Policy》에서 특집으로 2040년에 전세계를 주도할 국가를 GUTS라고 발표하였다. 여기에서 G는 독일(Germany), U는 미국(USA), T는 터어키(Turkey), S는 한국(South Korea)이다.[152]

이들 중에 독일과 미국은 당연한 것이지만 터어키와 한국을 선정한 것에 많은 사람들이 의문 제기하였을 것이다. 특히 한국을 지목한 이유를 5가지로 요약해서 발표하였는데 첫 번째는 한국인들의 총명하고, 부지런하며, 열정적인 국민성(國民性)을 꼽았다. 두 번째는 남다른 교육열(敎育熱), 세 번째는 높은 기술수준(技術水準)이다. 네 번째는 700만에 이르는 한국의 해외동포(海外同胞)들의 네트워크(Network)이다. 다섯 번째는 한국 개신교(改新敎)의 역할이다.[153]

우리 민족은 해방후 6.25전쟁을 겪으면서 온 국토가 초토화되어 남의 나라의 원조를 받던 최빈국에서 전세계에서 최고수준의 전자, 조선, 자동차, 제철, 원자력 기술을 보유하여 삼성전자, LG전자, 현대자동차, 현대조선, 포항제철 등을 가지고 있는 경제력 10위의 강국으로 발돋움하였다. 우리나라는 자원이 없는 국가이므로 사람만이 유일한 자원인 나라이다.

우리 민족이 5천 년을 넘어 1만 년의 기나긴 역사를 지켜온 위대한 선조들의 유전자를 이어받아 전 세계에서 가장 똑똑하다는 유대인들 뛰어넘고 있다. 왜냐하면 20여 년 전 《Chicago Tribun》지가 미국에 살고 있는 49

---

152) 이춘근, 「부상 중인 서방 강국 GUTS」, 한국경제연구원(www.keri.org)
153) 김진홍, 「2040경 세계를 주도하는 4나라」, 조은뉴스(www.egn.kr)

개 여러 민족들의 평균 IQ를 발표하였는데 한국인의 평균 지능지수는 105
이며, 유대인들의 평균 지능지수는 97이 나왔다. 그런데 유대인들은 노벨
상을 174개나 수상하였고 일본은 26개, 인도 10개, 중국 9개나 되는데 우
리나라는 평화상 하나 밖에는 없다. 이것은 우리 민족이 똑똑한 아이들을
멍청하게 키운다는 것을 보여주고 있는 것이다.

왜냐하면 미국에서는 한국의 어머니들을 '제2의 유대인 어머니(Second
Jewish Mother)'라고 부를 정도로 교육열이 높아 오바마 대통령도 이것을 본
받아야 된다고 극찬하였다. 이러한 치마바람이 우리의 번영의 밑걸음이 되
어왔다. 지금도 기러기 아빠를 자처하면서 조기유학을 선택하는 어머니들
이 많다. 그런데 여기에서 집고 넘어가야 할 문제점은 유대인 어머니들은
자녀가 학교에서 돌아오면 "오늘은 선생님께 무엇을 질문했니?"라고 묻는
다. 반면에 한국인 어머니는 "오늘은 선생님께 무엇을 배웠니?"라고 질문
한다고 한다. 이것이 바로 우리 교육이 유대인들에게 뒤쳐지는 이유이다.[154]

또 하나 우리 민족의 장점인 것이 부지런함과 열정이다. 부지런함은 한마
디로 "빨리빨리"로 대변되어 왔다. 그러하기에 남들이 몇십 년이 걸려야 할
수 있는 일들을 단 몇 년 만에 이룩해 냈다. 대표적인 것이 경부고속도로이
다. 그리고 열정인데, 대부분의 한국인들은 우리 민족이 '한(恨)이 많은 민
족'이라고 말하고 있다. 그러면서 제대로 알지도 못하면서 5,000여 년의 역
사를 들먹인다.

그러나 우리 민족이 한이 쌓인 것은 그리 오래되지 않는다. 고구려는 수
나라와 당나라의 100만 대군을 물리쳤던 강국으로 대흥안령산맥을 넘어
호륜패이대초원과 석림곽륵대초원을 차지하여 말을 타고 누비던 대국이었

---

154) 김진홍, 윗글.

▲ 만주와 몽골 대륙을 누비던 고구려

▲ 바다를 누비던 해양강국 백제

으며, 백제는 바다를 황해를 건너 중국의 요서, 산동, 절강 등 동부연안지역과 일본을 다스렸던 해양강국으로 겸익스님을 인도까지 유학시킬 정도로 대양을 누볐던 나라이다. 그리고 고려시대까지는 북방의 거대한 거란, 여진, 몽골 등과도 끝까지 굴하지 않고 투쟁했던 민족이다. 세계에서 가장 거대한 몽골제국(蒙古帝國)과 40여 년을 투쟁하여 살아남은 나라는 고려(高麗) 밖에는 없다. 더구나 몽골의 황제, 황태자 다음 서열에 서있었던 부마국(駙馬國)이 바로 고려이다.

그리고 개경의 벽란도에는 전 세계의 사람들이 드나들만큼 고려는 국제적이고 개방적인 국가였다. 이들에게 한이 쌓일 리가 없다. 그러나 조선조에 들어오면서 철저한 사대주의를 지향하였고 임진왜란, 병자호란을 겪으면서도 정신을 못차린 위정자들은 공리공담의 주자학과 예법에 사로잡혀 백성들의 삶을 돌아보지 않게 되면서 백성들의 가슴 속에 한이 쌓이게 된 것이다. 그 이후 일제치하와 6.25 등 온갖 고난을 겪으면서 그 탄식 소리는 더 높아가게 된 것이다.

즉 중국이 예를 잃으면 찾아가겠다던 군자불사지국(君子不死之國)과 자존심 강한 당나라가 "해동성국(海東盛國: 동쪽 바다 건너 대단한 나라)"이라고 칭찬했던 우리 민족의 우수한 문화와 동방예의지국(東方禮儀之國)이라고 칭송받았던 예의범절, 수나라와 당나라의 100만 대군을 물리쳤던 고구려의 웅혼한 기질은 비하, 왜곡되어 사라져 버린 것이다.

그러나 싸이의 말춤(馬舞)에서 드넓은 초원을 달렸던 고구려의 기상이 되살아나 전세계를 진동시키게 되었고, 남의 아픔을 껴안아줄 수 있는 도량 있는 풍류도가 방탄소년단의 춤과 노래로 되살아나고 있다. 이렇게 온 세계 사람들의 가슴을 뜨겁게 만드는 열정과 흥(興)이 우리 민족에게는 많은 것이다. 이것을 우리 조상들은 '신바람(神風)이 난다'고 한다. 우리는 흔히

'신(神)났다', '신명(神明)난다'라는 말을 쓰고 있는데, 이것은 '인간과 하느님이 하나가 되었다(天人合一, 人乃天)'는 것이다. 그러하기에 그 짧은 세월에 한국의 개신교가 2015년 통계를 보면 967만 명에 이르고 있다. 134년 정도밖에 안된 선교의 역사를 보면 이것은 폭발적인 증가이며 더구나 미국의 종교전문잡지 〈Christian World〉가 조사한 전세계의 50여 개 대형교회 중에서 한국이 23개를 차지하고 있는 놀라운 일이다.[155]

우리 민족은 이러한 열정을 가지고 통일을 이룩하고 나아가 전세계인들에게 환웅 할아버지께서 이 땅에 내려와 펼치고자 맨 처음 마음먹었던 홍익인간(弘益人間), 재세이화(在世理化)의 염원을 풀어드릴 때가 된 것이다.[156] 그러하기에 하느님은 이스라엘민족과 같이 질고와 역경을 세월을 통해 우리 민족을 단련시키신 것이다.

올바른 정신에서 바른 행동이 나오듯이 왜곡된 우리의 역사를 바로 잡아, '다른 것'을 '틀린 것'으로 호도하여 타도하고 멸절시키며 주자학 하나만을 고집해온 전근대적인 교조주의적 행태를 떨쳐 버려야만 한다.

즉 고려시대까지의 우리 조상들처럼 '다른 것'은 단지 나와는 '다른 것'으로만 인식하며, 다양성을 인정할 줄 알았던 넉넉한 넓게 두루 이익케하는 선비(仙人)가 되어야 한다. 이를 통해 실시간으로 전 세계를 하나로 묶을 수 있는 세계적인 한국의 IT기술로 구축된 네트워크를 통하여 글로벌한 미래의 세계(Global Future World) 속에서 우리 민족의 폭발적인 에너지로 온 세상이 하나가 되는 평화의 축제를 만들어야 한다. 또한, 하늘의 이치로 이루어지는 신명나는 세상으로 바꾸어 나가야 할 것이다.

---

155) 여의도 순복음 신도수 세계 1위/세계 50대교회에 한국 23개, 〈중앙일보〉, 1993.2.8.
156) 환웅(桓雄)이 하늘 문을 여시고(開天) 백두산에 내려오시어 신시(神市)를 베풀고, 하늘의 뜻대로 행할 수 있는 올바른 인간 즉 '仙人'이라는 홍익인간을 만들어 세상을 이치로 다스리겠다는 우리나라 최초의 국시(國是)이다. (단단학회 편, 「삼성기 상」, 『환단고기』, 1979)

참고문헌

- 『오월춘추(吳越春秋)』
- 『맹자(孟子)』
- 『주역(周易)』
- 『산해경(山海經)』
- 『포박자(抱朴子)』
- 『삼국지(三國志)』
- 『삼국사기(三國史記)』
- 『삼국유사(三國遺事)』
- 『고려사절요(高麗史節要)』
- 『발해고(渤海考)』
- 『해동명장전(海東將傳)』
- 『신증동국여지승람(新增東國輿地勝覽)』
- 김대문 저, 이종욱 역주, 『화랑세기』, 소나무, 1999,
- 단단학회 편, 『환단고기』, 광오이해사, 1979.
- 북애자 저, 신학균 역, 『규원사화(揆園史話)』, 명지대학교 출판부, 1975.
- 홍만종 저, 이석호 역, 『해동이적(海東異蹟)』, 을유문화사, 1982.
- 『丹齋 申采浩 全集』 上·下, 단재신채호선생기념사업회, 1972.
- 안재홍 저, 김인희 역주, 『조선상고사감』, 우리역사재단, 2014.
- 김교헌, 『神檀民史』, 한뿌리, 1986.
- 이능화 저, 이종은 역, 『조선도교사(朝鮮道敎史)』, 보성문화사, 2000.
- 김대문 저, 이종욱 역주, 『화랑세기』, 소나무, 1999.
- 안호상, 『배달,동이겨레의 한 옛 역사』, 배달문화연구원, 1972.
- 정명악, 『國史大全』, 광오이해사, 1978.
- 오순제, 『오순제 박사의 대마도 역사기행』, 수동예림, 2018.
- 오순제, 『한성백제의 도성체제연구』, 학연문화사, 2005.
- 박원길, 『유라시아 초원제국의 샤마니즘』, 민속원, 2001.

- 정현축,『한국 선도 이야기』, 율려, 2016.
- 정경희,『백두산문명과 한민족의 형성, 만권당』, 2020.
-『화랑의 유적』, 화랑교육원, 1992.
- 국학연구원 편,『한국선도의 역사와 문화』, 국제뇌교육종합대학원출판부, 2006
- 김재원,『단군신화의 신연구』, 탐구당, 1976.
- 박선희,『고조선 복식문화의 발견』, 지식산업사, 2011,
- 장광직 지음, 하영삼 옮김,『중국 청동기시대』, 학고방, 2013.
- 허신 지음, 단옥재 주, 금하연·오채금 옮김,『한한대역 단옥재주 설문해자』 제1권, 자유문고, 2016
- 손성태,『우리 민족의 대이동-아메리카 인디언은 우리 민족이다』, 코리, 2014.
- 정형진,『고깔모자 쓴 단군』, 백산자료원, 2003.
- 전호태,『한류의 시작 고구려』, 세창미디어, 2018.
- 이상훈,「문화신학의 관점으로 본 한류현상」,『한류 그 이후-한류의 저력과 향후 과제-』, 한국학중앙연구원 출판부, 2015.
- 이상훈,「문화신학의 관점으로 본 한류현상」,『한류 그 이후-한류의 저력과 향후 과제-』, 한국학중앙연구원 출판부, 2015.
- 곽대순,「遼河유역의 신석기 및 초기 청동시대 유적에 대한 고고학상 해석:고고학상 드러난 요하 유역 유적의 시대구분」,『박물관기요』 15호, 단국대학교 석주선기념박물관, 2000
- 박성수,「일본구주의 환웅상과 일본속의 단군문화」,『고대 한국문화의 일본전파』, 민족사 바로 찾기국민회의, 1992.
- 박원길,「몽골비사의 텡게리(Tenggeri) 신앙고찰」,『민속학연구』 제44호, 2019.
- 박원길,「몽골지역에 전승되는 고대 한민족 관련 기원설화에 대하여」,『몽골학』, 54호, 2018.
- 박원길,「제주 습속 중의 몽골적인 요소-조랑말의 뜻과 제주 방언 등의 사례를 중심으로-」,『제주도연구』 28권, 제주학회, 2005,
- 오순제,「고대 동굴신앙유적 및 거북바위에 대한 연구」,『명지사론』 제14·15권, 명지사학회, 2004.

- 오순제, 「요서지역 홍산문화의 전방후원분 발생과 졸본부여, 백제, 일본 등의 전방후원분에 대한 관련성 연구」, 『한북사학』 제4집, 2007.
- 오순제, 「이성산성 건축유구의 성격분석」, 『위례문화』 제14호, 2014.
- 오순제, 「요서지역 홍산문화의 전방후원분 발생과 졸본부여, 백제, 일본 등의 전방후원분에 대한 관련성 연구」, 『한북사학』 제4집, 2007,
- 오순제, 「삼국의 전쟁사를 통해 본 하남시 고골의 이성산성과 남한산성」, 『위례문화』 제17호, 2014.
- 오순제·한종섭, 「지석천 선사하천문화 복원을 위한 타당성 및 하천환경 관리계획연구」, 한국건설기술연구원, 2006.
- 오순제, 「고구려 기마문화의 역사적 의미와 계승 발전시킬 문화적 교훈」, 『한국문화안보연구원 학술세미나-한국의 말과 전통 기마문화-』, 한국문화안보연구원, 2018.9.
- 우실하, 「'3수 분화의 세계관(1-3-9-81)'의 기원과 홍산문화 : 홍산문화에 보이는 성수 3,9,81을 중심으로」, 『비교민속학』 제44집, 2011.4.
- 조한석, 「〈청학집〉 소재 선맥의 이중성과 그 의미」, 『도교문화연구』 29호, 한국도교문화학회, 2008.
- 송화섭, 「시베리아 알타이지역의 샤먼상 암각화」, 『한국 무속학』 제16집, 2006.
- 김일권, 「한국 윷의 문화사와 윷판암각화의 천문사상」, 『한국암각화연구』 제18집, 한국암각화학회, 2014. 박유미, 『고구려음식문화사』, 학연문화사, 2017.
- 장형업, 「일본 도래계 신사에 관한 연구」, 국제뇌교육종합 대학원대학교 박사학위논문, 2019,